Golden Retriever

Paul van Dijk

Inhoud

Inleidend	**1**
De Golden Retriever	**3**
Oorsprong en geschiedenis	3
Het inzetstuk	5
Een held uit de geschiedenis	7
De karaktereigenschappen van de nieuwe vriend	9
Onderwijs en opleiding	**13**
Positieve versterking voor je leven	13
Op weg naar housetraining	21
Het trainen van de Golden Retriever - Stap voor Stap	**36**
Vele voordelen	36
De ophaalgids	42
Gezondheid, zorg en voeding	**81**
Rasspecifieke ziekten	81
Hondenziekten in het algemeen	86
De juiste zorg	93
Het juiste dieet	113
Voordelen van een hond	**139**
Twijfel is menselijk	139
Voordelen voor de viervoeter	139
Zoveel goede redenen	151
Afsluitende woorden	**152**
Bronnen	**153**

Inleidend

Denkt u aan een nieuw gezinslid of hebt u al besloten? Maakt niet uit wat het is: Uw beslissing is genomen en het wordt een Golden Retriever. U maakt een keuze die velen voor u al gemaakt hebben. Het is een goede keuze!

Maar misschien bent u nu ook een beetje onzeker. Je wilt niets verkeerd doen en je hond het huis bieden dat hij wil.

In de eerste plaats moet u zich niet te veel zorgen maken. Het beste en grootste geschenk dat je je viervoeter kunt geven is liefde. Daar heb je zeker veel van en je hoeft niet bang te zijn dat het niet genoeg is. Eén blik en alles is verzegeld. Uw hond draagt u evenzeer in zijn hart als u hem.

De eerste stap is gezet! Maar het heeft iets meer nodig. In dit boek vindt u alles wat u nodig heeft voor de verzorging, het houden en de algemene kennis over uw Golden Retriever. Bent u geïnteresseerd in de oorsprong en wilt u meer weten over de geschiedenis van uw hond? De volgende bladzijden zullen al uw vragen beantwoorden. Ontdek of zijn aard bij u past en waar deze prachtige hond zijn oorsprong heeft.

Maar het is net zo belangrijk voor u om meer te weten te komen over opleiding en onderwijs? Dat is een heel goede aanpak. Begin zo vroeg mogelijk en ga de goede kant op. U vindt hier veel belangrijke tips over. Welke van de twee u uiteindelijk toepast, of u het alleen of met hulp wilt proberen, is geheel aan u.

Maar één ding is ook heel belangrijk: gezondheid. U houdt van uw hond en wilt natuurlijk dat hij lang gezond en levendig blijft. Elk dier is anders. Terwijl de ene wat vatbaarder is, vindt de andere het helemaal niet erg. Je weet niet meteen hoe je Golden Retriever eraan toe is. Er zijn echter enkele dingen die u kunt doen om de gezondheid en het welzijn van uw harige vriend te ondersteunen. Ziekten die kunnen voorkomen en eenvoudige tips die belangrijke wegwijzers zijn, wachten op u op de volgende bladzijden en zullen een deel van die gezondheidsproblemen wegnemen.

Wat zijn, naast liefde en gezondheid, de belangrijkste dingen in het dagelijkse leven van uw hond? U zult nu wel glimlachen, maar een hond is nu eenmaal een hond en eten is voor hem bijna de hoogste prioriteit. Maar er zijn verschillen. Wat is goed en wat moet je vermijden? U zult het snel weten - als uw hond u zijn persoonlijke mening al niet uit zichzelf vertelt.

Dit boek is een steun voor een alledaags leven dat nu nog vreemd en onbekend lijkt.

Maak je niet te veel zorgen. Ga met kalmte en kalmte het dagelijkse leven in en geniet van een heerlijke tijd met uw trouwe viervoeter.

De juiste steun ligt nu in jouw handen. Op een heerlijke tijd met veel avonturen en ervaringen die u en uw harige lieveling nooit meer zullen vergeten.

De Golden Retriever

OORSPRONG EN GESCHIEDENIS

Ding interesseert u mateloos: waar komt de hond vandaan die u en misschien uw gezin hebben uitgekozen? Natuurlijk weet u precies van wie u hem kocht, maar dat speelt hier een ondergeschikte rol.

Op een bepaald moment begon de loop van de geschiedenis van de Golden Retriever. Niet alle eigenaars van dit ras weten ervan, maar nu bent u een van de gelukkigen die het wel weten. Heb je er ooit serieus over nagedacht en misschien zelfs een antwoord voor jezelf gevonden? Misschien had je gelijk. Zoek het uit.

Er is weinig bekend over het echte begin van de fokkerij. Het jaar 1959 speelt echter een doorslaggevende rol. Tot dan toe ging men ervan uit dat de Golden Retriever afkomstig was van Russische circushonden. Dudley Marjoribanks had precies in dit jaar dergelijke honden in Engeland gekocht en ze verder naar Schotland gebracht.

Op dit punt moeten we echter weer een paar jaar terug in de tijd en kijken naar 1952. Het was precies in dit jaar dat de methodische fokgegevens van de heer Marjoribanks werden gevonden. Maar het duurde tien jaar voordat ze werden voorgelegd aan de Kennel Club in Groot-Brittannië. Tot op de dag van vandaag zijn ze er nog.

Laten we nu eens in de archieven kijken, althans in het deel dat van oudsher is overgeleverd. Volgens de schriftelijke bewijzen werd in 1864 een gele retriever met een golvende vacht (zijn naam was Nous) gedekt door een tweed water spaniel (Belle). Als het tweede hondenras niets voor u betekent, is daar niets mis mee. Helaas is deze al vele jaren uitgestorven.

Het fokken met deze soort ging door tot 1890, toen er ook twee zwarte retrievers en een Ierse Rode Setter bij kwamen. In het genoemde jaar eindigt het dossier echter en is er geen verder bewijs.

De redenen hiervoor zijn niet bekend. Het enige dat duidelijk is, is dat Marjoribanks vier jaar later stierf.

De term "geel" of "goud" werd in 1913 door de Kennel Club erkend in verband met de retriever als ras. Het duurde nog een paar jaar, in het midden van de jaren 1920, toen de Golden Retriever zijn naam kreeg zoals wij die vandaag kennen.

Heb je gehoord van de Kennel Club? Dat is heel goed mogelijk. Want tot op de dag van vandaag, wordt het beschouwd als de toonaangevende fokvereniging van uw gekozen hond.

De populariteit van de Golden Retriever verspreidde zich bijzonder snel in Canada, Engeland en de VS. Maar ook Duitsland sloot zich aan bij de gelederen van de volgelingen. In de jaren negentig waren het vooral televisieprogramma's en films die deze prachtige hond zo populair maakten in ons land.

De liefde van de mensen voor dit dier is tot op de dag van vandaag niet veranderd. Integendeel, hij is gestadig gegroeid en vandaag is de Golden Retriever een van de populairste hondenrassen ter wereld. De situatie is niet anders voor fokverenigingen in Duitsland.

Als huishond is dit ras zeer populair en wordt het vaak gezien in de Benelux en Scandinavië. Ook Frankrijk en Brazilië sluiten zich bij de gelederen aan en ontkomen niet aan de blik en de liefde voor dit prachtige dier. Zoals u kunt zien, heeft de Golden Retriever een opwindende tijd en een geweldige geschiedenis achter de rug. Ook al kon niet alles tot in de kleinste details worden overgebracht, toch is het voldoende voor een goed overzicht.

Hij heeft al zoveel landen gezien en zijn dorst naar ontdekkingen kent geen grenzen.

HET GEBRUIK

Eén ding weet u vast al: de Golden Retriever is een geweldige hond voor ieder mens en ieder gezin. Hier brengt hij vreugde en geluk.

Maar er is veel meer aan de hand met hem dan dat. Naast zijn rol als geluksbrenger in huis zijn er vele toepassingsgebieden die bij uitstek geschikt voor hem zijn en zijn vaardigheden optimaal bevorderen.

Dit hondenras doet het erg goed als reddingshond. Met zorg en kalmte neemt hij zijn taak op zich om mensen te helpen. Hij is zelfs gebruikt in oorlogen, om levens te redden die zonder hem verloren zouden zijn gegaan.

De Golden Retriever kan ook terugkijken op een carrière als een drugs en explosieven opsporingshond. Of het nu bij de douane is of bij de politie - hier is hij een trouwe metgezel en heeft hij al menige zaak tot volle tevredenheid opgelost.

Hij is net zo welkom en onmisbaar voor zijn baasjes als een gezelschapshond voor gehandicapten. Hier kan hij een steun zijn voor de blinden, maar ook voor de doven. Het is verbazingwekkend. De Goldie past zich wonderwel aan en kan moeiteloos ogen of zelfs oren vervangen.

Ook mensen met psychische problemen of zelfs lichamelijke kwalen, bijvoorbeeld veroorzaakt door trauma's van welke aard dan ook, vinden bij hem grote steun. Als therapiehond leidt hij mensen terug naar een normaal dagelijks leven en brengt hij de vreugde van het leven terug.

Bij al deze gebruiksmogelijkheden moet echter ook worden bedacht dat geen enkele Golden Retriever dit allemaal gemakkelijk vanaf het begin kan. Het heeft een bepaalde periode van training nodig. Hoeveel tijd dit kost is niet te zeggen. Het varieert van hond tot hond, net als bij mensen: Iedereen leert anders en in een ander tempo. Het belangrijkste is dat het vroeg begint. Een jonge hond leert aanzienlijk beter en sneller dan een oudere, hoewel ook hier moet worden gezegd dat een Golden Retriever in geen geval te oud mag zijn om met een dergelijke complexe training te beginnen.

Ondanks alle mogelijkheden, is en blijft de Goldie een geweldige gezinshond. Men mag nooit vergeten dat zelfs een vriend in het dagelijks gebruik altijd terug wil naar het gezin en de veiligheid.

Een goed evenwicht is hier nodig. Alleen als alles klopt, kan het redden van een leven, het vervangen van de zintuigen en het vinden van andere gevaren echt werken.

EEN HELD UIT DE GESCHIEDENIS

Nu heb je al heel wat geleerd over de gebruiksmogelijkheden, maar er is niet altijd zo'n omgeving nodig om een grote held te zijn.

Hieronder vindt u een paar verhalen die echt gebeurd zijn. Of ze volledig identiek zijn overgeleverd is niet helemaal duidelijk, maar over het geheel genomen zijn ze op precies dezelfde manier gebeurd.

Nogmaals, deze rapporten laten zien wat er sluimert in een Golden Retriever. Hij is niet zomaar een hond, maar kan elke dag van je leven veranderen. Hij brengt liefde, geborgenheid en is een held in elke denkbare situatie.

Verhaal 1: Toby en de appel

Dit verhaal gaat over Toby, een golden retriever. Zijn eigenares Debbie bevond zich in een zeer dramatische situatie. Ze at een appel met smaak, maar stikte erin terwijl ze aan het eten was. Aangezien ze niet meer kon spreken, was er geen manier om zich te laten horen door te roepen.

Toby herkende echter onmiddellijk de behoefte en sprong op de borst van zijn meesteres. Het stuk dat vastzat in Debbie's keel kwam los en sprong uit haar mond. Haar hond redde haar leven. Zonder zijn hulp, zou Debbie vandaag misschien niet meer leven.

Vanwege zijn redding en vaardigheid, kreeg Toby de "Hond van het jaar" prijs in 2007.

Verhaal 2: Brutis en de Slang

Dit verhaal over Goldie Brutis is niet zo zoet als de appel. De naam van het kind dat hier een rol speelt is niet bekend, maar toch ging deze ervaring in het verhaal op.

Brutis leek niet aan de gevolgen te denken toen hij de giftige slang zag. Het naderde voortdurend een kleine jongen die het gevaar niet scheen op te merken of te zien.

Brutis herkende hem echter en zonder na te denken sprong hij naar de slang en weerhield hem ervan een fatale beet te nemen. De golden retriever kon echter niet aan de hoektanden ontsnappen en werd door het dier gebeten.

Gelukkig kwam er snel hulp en werd de grote held van het verhaal gered. Hij overleefde de aanval en op het einde had hij zeker een nieuwe vriend voor het leven.

Wat er van de slang geworden is, is niet bekend.

Brutis ontving de "National Hero Dog Award" voor zijn heldendaad in 2004 en genoot van de beste gezondheid.

Verhaal 3: Amber en het ongeluk in de sneeuw

Een zeer jonge hond (15 maanden) is de heldin van dit laatste verhaal. Ze was op reis in Alaska met haar meester Otis, of ze nu op vakantie was of niet is niet duidelijk uit het verhaal.

Het enige wat duidelijk is, is dat de twee samen reisden op een sneeuwscooter. Tijdens hun reis kregen ze echter een ongeluk. Het is niet duidelijk hoe dit is gebeurd. Ze werden ver door de lucht geslingerd en Ambers meester raakte zeer ernstig gewond. Hij was geïmmobiliseerd, maar Amber was in orde en had geen letsel opgelopen.

Maar het kwam niet in haar op om haar meester te verlaten. Zij bleef de hele nacht aan zijn zijde, in de grote koude, en probeerde hem zo goed mogelijk op te warmen. Eén ding is zeker: Amber had het die nacht ook zeker koud, hoewel zij misschien meer gewend is aan deze temperaturen dan een hond in het warme Europa.

De hond leek ook niet bang te zijn voor andere dieren. Volgens het verhaal moeten kraaien ook geprobeerd hebben haar meester kwaad te doen. Amber hield echter voet bij stuk en joeg ze keer op keer weg - tot ze geen pogingen meer deden.

Een hele dag ging voorbij en wonderbaarlijk genoeg passeerden twee sneeuwscooters de weg van het slachtoffer en de dappere hond. Amber blafte zo luid en zo lang als ze kon om de aandacht op zichzelf en haar meester te vestigen.

Het lukte en de twee werden gered.

Een verhaal dat naar het hart gaat en duidelijk maakt waartoe een golden retriever in staat kan zijn.

Of de verhalen echt op precies dezelfde manier zijn gegaan, kan toch niemand anders zeggen dan de eigenaars van de hier genoemde honden zelf.

Maar uiteindelijk zijn ze zo gebeurd en maken ze duidelijk dat er in een Golden Retriever van nature een redder schuilt. Mensen van wie hij houdt, beschermt hij. Er is hier geen sprake van goed of fout. Hij staat aan uw zijde en vraagt er niet veel voor terug - alleen wat u hem toch al in ruime mate geeft: Je liefde!

DE KARAKTEREIGENSCHAPPEN VAN DE NIEUWE VRIEND

Niet alle honden zijn hetzelfde. Toen u deze toevoeging overwoog, vroeg u zich waarschijnlijk af of de Goldie überhaupt wel bij u zou passen. Dat is heel normaal. Zoals gezegd, ieder mens is anders - net als iedere hond.

Zo kan het zijn dat u zich graag omringt met een levendige hond, terwijl anderen de voorkeur geven aan het rustige gedeelte.

Nu, natuurlijk, niet elke Golden Retriever is zoals de andere. Er zijn altijd kleine verschillen in de kenmerken. Over het algemeen zijn de kenmerken echter hetzelfde.

In de loop van het leven wordt de viervoeter gevormd en kan hij veranderen, maar dat ligt dan in uw handen.

> **Een kleine hint**: Als u besluit een hond uit een asiel te kopen, zal deze al enige ervaring hebben. Het is dus mogelijk dat het eigenschappen heeft die hier niet direct worden vermeld of slechts als minder belangrijk worden geclassificeerd.
> Elk dier heeft zijn eigen verhaal!

Gehoorzaam: De Golden Retriever is een zeer gehoorzame hond. Hij is ooit zo opgevoed en luistert naar zijn woord, hoewel één ding hier duidelijk moet zijn: Zelfs een goedgemanierde Goldie heeft soms zijn problemen. Door het voordeel van gemakkelijke leiding, kan hij gebruikt worden voor de jacht.

Toewijding: De Goldie is aanhankelijk en meer dan aanhankelijk. Dit ras wil behagen in alles wat hij doet. U zult snel merken dat hij van knuffelen houdt en geen ruziezoekend dier is. Als je om de een of andere reden boos op hem bent, zal hij daar verdrietig over zijn en je dat in niet mis te verstane bewoordingen laten merken. Een blik die je hart zal verzachten.

Vrolijkheid: Dit ras is zonder twijfel altijd vrolijk. Je zult zelden een angstige of zelfs gejaagde hond zien. Deze dieren zijn kalm, lachen van binnen en nemen je altijd mee op dit niveau.

Speels: Elke Golden Retriever houdt van spelen en het kost niet veel moeite om hem over te halen een spelletje te spelen. Het enige wat nodig is, is het aanwijzen van een stok en hij zal klaar staan naast je en zal niet willen wachten om er achteraan te gaan. Dit ras is zeer actief, heeft dus veel beweging nodig en wil die ook en zal proberen u mee te trekken.

Familieband: De Goldie houdt van zijn eigenaar en zijn familie. Hij wil niet alleen zijn en zou dus niet gelukkig zijn als hij de hele dag niemand om zich heen zou zien. Wees niet verbaasd als hij altijd bij u wil zijn en u, of andere familieleden, overal vergezelt. Daarom kan het moeilijk zijn hem voor een langere vakantie in een pension achter te laten. Je Goldie zou veel liever met je meegaan.

Intelligentie: dit ras is bijzonder slim en het is geen probleem voor de Goldie om nieuwe dingen te leren. Het gaat snel en de motivatie lijkt nooit op te houden. Als iets niet lukt, maakt het niet uit, ze zullen het opnieuw proberen. Maar meestal duurt het niet zo lang.

Bewegingsdrang: Een Goldie die alleen maar in de kennel zit, zal geen gelukkige hond zijn. Het is belangrijk dat hij zijn loop heeft. Als er geen groot terrein beschikbaar is, is het belangrijk dat u elke dag met hem gaat wandelen, ongeacht het weer. Uw hond zal het niet erg vinden. Regen en storm storen hem helemaal niet. Dus vergeet je regenjas niet!

Hondenliefde: Als je al een hond hebt, is dit geen probleem. Terwijl andere rassen vaak problemen hebben met andere honden, is dit niet het geval bij de Goldie. Hij kan goed opschieten met andere honden, is niet ruzieachtig en past overal bij. Dit betekent: Hij is super geschikt als tweede hond en maakt geen onderscheid tussen rassen.

Zoals u ziet, heeft een Golden Retriever kwaliteiten die iedereen vrij snel overtuigen. U als eigenaar zult er snel achter komen hoe uitgesproken ze zijn bij elke hond. Neem de tijd, zoek uit hoe uw hond is en bewandel samen met hem een prachtig pad vol ontwikkelingen.

Wat er nu niet is, kan mettertijd zichtbaar worden. In de regel is een Golden Retriever echter een lieve en rustige hond die het dagelijkse leven nog perfecter maakt.

Onderwijs en opleiding

POSITIEVE VERSTERKING VOOR JE LEVEN

Zoals elke hond, heeft ook een Golden Retriever een goede training nodig. Hoewel hij een gezinshond is, zijn er bepaalde regels waaraan hij zich moet houden. Alleen dan is het mogelijk een harmonieus en evenwichtig dagelijks leven te leiden zonder altijd de grote moraalridder uit te hoeven hangen.

De belangrijkste tips over hoe en wanneer u moet beginnen, zijn hieronder samengevat en bieden een ruw overzicht. Hoe u het uiteindelijk aanpakt, hangt af van u en, natuurlijk, uw hond.

Het is belangrijk om geen onnodige druk op te bouwen, maar ook om niet te veel toe te geven aan het speelinstinct. Je vindt vast wel een goed evenwicht.

1. zo vroeg mogelijk

Zeker. Het is niet makkelijk als je een Goldie in huis haalt die al een paar jaar oud is. Natuurlijk, je kunt hem nog steeds laten wennen aan een paar regels.

Maar het is nog gemakkelijker met een puppy, want voor een Golden Retriever geldt: hoe vroeger je begint, hoe beter. Op die manier kunt u uw nieuwe vriend gemakkelijk aanwennen tot goed sociaal gedrag.

Misschien kunt u dit tot op zekere hoogte vergelijken met een mens. Wat we altijd hebben geweten, is voor ons geen probleem. Maar als we ouder worden en dan aan iets nieuws moeten wennen, is het een ander verhaal. Dat betekent niet dat we het niet kunnen. We laten ook nieuwe omstandigheden in ons leven toe, maar dat kan tijd kosten. Het is vergelijkbaar met een hond die al een paar jaar oud is en al bepaalde ervaringen heeft opgedaan. Natuurlijk, ze hoeven niet altijd slecht te zijn.

Hier is een klein voorbeeld: Stel je krijgt een Goldie uit het dierenasiel. Waarom hij daar was is in eerste instantie niet belangrijk. In zijn vroegere gezin was hij gewend elke dag zijn eten mee te nemen aan de keukentafel met het gezin. Als hij in een nieuw huis komt, wil hij dit misschien weer doen. Je kunt hem zeker van deze gewoonte afbrengen, maar het zal een tijdje duren.

In principe hoeft u zich hier echter niet al te veel zorgen over te maken. Of hij nu ouder is of niet: een Goldie laat zich graag africhten en u zult het niet moeilijk met hem hebben. Maar wacht niet te lang en begin zo vroeg mogelijk om snelle en goede resultaten te boeken.

2. altijd consequent zijn

Eén ding is heel belangrijk en dat mag je nooit vergeten, hoe wijdogig je Goldie je ook aankijkt: Altijd consequent blijven.

Het is bijna net als met kleine kinderen. Als je te vaak toegeeft, kan het moeilijk zijn om terug te keren in de patronen die je hebt aangeleerd.

Maar laten we teruggaan naar je viervoetige vriend. Wanneer u op het punt staat een regel in te voeren, sla uzelf dan op de knokkels als u hem weer wilt "afbreken". Een voorbeeld zou kunnen zijn het voeden vanaf de tafel. Je zit buiten te eten en je hond rent de hele tijd bedelend rond de tafel. Na verloop van tijd, heb je hem getraind dit niet te doen. Hij weet precies dat hij hier niets van jou hoeft te verwachten. Maar dan breek je uit. Je kunt niet wegkijken, hij kijkt je aan en ineens heeft hij het stukje worst toch gekregen, waar hij eigenlijk geen recht op heeft. Voor het ogenblik lijkt dit geen betekenis te hebben, maar uw heerschappij en goede opvoeding zijn op dat ogenblik gevallen. Nu zal uw Golden Retriever altijd aan tafel zitten wanneer u of uw gezin daar maaltijden nuttigen.

U moet echter ook in gedachten houden dat uw Goldie het u naar de zin wil maken. Schreeuw hem niet uit als hij nog een poging doet om "worstjes te stelen". Het is genoeg als je hem zachtjes berispt. Je zult verbaasd zijn hoe snel hij zijn fout inziet. Dit is ook te danken aan het vriendelijke karakter van dit ras, dat u vaak volkomen zal verrassen.

Fouten worden snel onderkend, maar ook zeer snel gecompenseerd. Zelfs als u een beginner bent in hondentraining, hoeft u zich geen zorgen te maken.

U moet er echter ook rekening mee houden dat als er meerdere familieleden zijn, zij allemaal mee moeten doen. Er zijn geen voordelen als jij het op deze manier doet en je kinderen doen het anders. Zelfs als u het onderwijs niet in hun handen kunt leggen, is het belangrijk dat zij zich aan de regels houden. Als je Goldie iets geleerd heeft, deel het dan met je kinderen en leg uit waar ze in de toekomst op moeten letten. Dan komt de rest vanzelf en kun je beetje bij beetje aan je opleiding bouwen.

Het is dus belangrijk om nooit op te geven, maar altijd liefdevol en standvastig te blijven. Dan zult u snel een hond in uw gezin hebben die naar uw woord luistert (als hij dat wil).

3. niet wanhopen wanneer zich problemen voordoen

Ook al is een Goldie een zeer volgzame hond, er kunnen zich zeker problemen voordoen bij de training. Hier is het belangrijk dat u niet uzelf de schuld geeft en ook niet uw trouwe viervoeter.

Er zijn veel redenen waarom dingen niet lopen zoals je wilt. Het kan zijn dat gewoontes zijn onderdrukt of dat men eraan heeft toegegeven. Zoals reeds gezegd, kan het ook zijn dat uw hond in het verleden ervaringen heeft opgedaan waarvan u zelf niet op de hoogte bent.

Het is belangrijk dat u op dit punt kalm blijft en naar mogelijke oplossingen zoekt.

Ten eerste zou u uw inspanningen gewoon kunnen opvoeren en er op die manier achter komen waarom het niet werkte. Zeker zult u zich bewust worden van één of twee fouten die u samen kunt goedmaken. Maar het kost tijd en geen druk. Wat vandaag niet werkt, kan morgen wel werken. Zie jezelf altijd als een team. U bent niet de leraar voor uw hond, maar het is een samenwerking die vruchten zal afwerpen.

Ben je bang dat je het niet in je eentje kunt? Het is een belangrijke en goede stap als je dit aan jezelf toegeeft. Aan de andere kant betekent het niet dat er geen oplossing is. Wat denk je van een hondenschool? Kijk maar eens rond. Misschien is er zo'n leerfaciliteit bij jou in de buurt. Maar als dit veel moeite en reistijd kost, kunt u ook online rondkijken. Dit betekent dat de lessen voor uw hond tegenwoordig ook online kunnen worden gevolgd. Kun je je dat niet voorstellen? Je zult verrast zijn. Ontdek getuigenissen die u zullen inspireren. Veel hondenbezitters zijn er op deze manier in geslaagd hun viervoeter liefdevol in de juiste richting te sturen.

Zeker. Het vergt veel motivatie en uithoudingsvermogen, maar het is een nieuwe manier om het te doen. Het nadeel is echter dat je jezelf vaak moet forceren. Er is hier geen leraar om je een deadline te geven. Als je niet wilt leren, hoef je het niet te doen.

Maar daar zit nu juist het probleem: het is belangrijk dat de hondenschool regelmatig en consequent wordt bezocht. Dit is als het onderwijs zelf. Alleen dan kan het ook met succes worden bekroond.

Vooral oefeningen die nieuw zijn, kunnen door uw Goldie worden vergeten als ze niet regelmatig worden herhaald. Op een gegeven moment zullen ze "vast" worden, maar dit vergt een zekere mate van oefening.

De beslissing is geheel aan jou. Je kent jezelf en natuurlijk je hond het beste. Als u denkt dat het beter is om zo'n training persoonlijk te doen, ga dan die kant op en experimenteer niet. Uiteindelijk is het tijd die verloren gaat en dat is heel belangrijk, vooral in de opvoeding van de hond.

Zoek het uit en word niet ongeduldig. Na verloop van tijd, zal je Goldie ook leren wat belangrijk is.

4. de jacht ontmoedigen

U weet het waarschijnlijk al: de Golden Retriever is een jachthond en daar kunt u niets aan doen. Of kan het? Ja, een beetje, want het is een voordeel als je dit instinct een beetje tegenwerkt.

Waarom is dit zo belangrijk? De reden is heel eenvoudig. Je kunt een zeer goed opgevoede Golden Retriever hebben. Je hebt er veel moeite in gestoken, je bent tevreden en alles loopt zoals je het je had voorgesteld.

Maar dan komt het moment dat je je afvraagt of het allemaal voor niets is geweest: je bent met je hond op stap, hij luistert naar wat je zegt, maar dan gaat hij er vandoor en er is geen houden meer aan. Je kunt alleen de reden zien die om de hoek scharrelt. Het is een konijn dat rent voor zijn leven. Je kunt hier schreeuwen en smeken, maar het zal niets veranderen. Misschien geeft je Goldie niet op tot hij de haas heeft gevangen, of misschien komt hij eerder terug. Daar kom je in de komende minuten wel achter.

Het is gerechtvaardigd als je hier aan jezelf twijfelt, maar in principe heb je niets verkeerds gedaan in de opleiding. Uw hond is een Golden Retriever en de jacht zit diep in hem - hoe goed en langdurig de training ook was en is.

Maar hoe kunt u dit probleem tegengaan? Het is niet zo moeilijk. Confronteer uw Goldie met zijn jachtinstinct terwijl u thuis oefent. Probeer deze scène na te spelen. Hoe je dit doet is aan je verbeelding. Laat hem zien dat het niet goed is om nu achter het konijn aan te gaan. Het is zeker niet gemakkelijk om dit precies na te spelen, maar uw hond zal na verloop van tijd begrijpen dat dit niet juist is. Leg hem uit dat het doel niet de haas is, maar jouw woord.

Thuis heb je de mogelijkheden en dan maakt het niet uit of hij naar het nagebootste dier toe rent. Hij zal snel terugkomen en u kunt de opvoeding laten overheersen. Natuurlijk, het hoeft geen konijn te zijn.

Misschien is er een kat in de familie. Dit klinkt nu misschien vreemd, maar uw Goldie moet ook aan hen wennen en u wilt zeker dat ze goed met elkaar kunnen opschieten.

Neem de tijd, test de grenzen en je zult snel zien dat er geen haas meer te achtervolgen valt.

Zeker: in sommige omstandigheden zal er altijd een stukje jachthond achterblijven, maar als u altijd even kijkt en op het juiste moment ingrijpt, zullen er ook geen problemen zijn.

Jullie kunnen het en samen hoeven jullie je geen zorgen te maken over de grote jacht in het bos.

Op dit punt, onthoud altijd: uw hond wil u behagen. Dat is volkomen normaal bij een Goldie. Dus aarzel niet en vergeet niet dat het toch niet kan lukken. Uw hond is volgzaam en wil dat u blij met hem bent. Dus niet opgeven, maar altijd "bij de les blijven".

5. goede samenwerking

Onzekerheden zijn absoluut normaal, vooral als het je eerste hond is. U zult zich vaak afvragen of u alles wel goed doet, en de geringste negatieve verandering zal u dat doen afvragen.

Maar je moet jezelf niet te onzeker laten worden. Dat is niet goed voor u en niet goed voor uw hond. Hij voelt aan wanneer je angstig bent of aarzelt. Dan kan wat je met moeite hebt overgebracht snel vergeten worden. Maar hier moet het nog eens gezegd worden: Uw hond bedoelt het niet kwaad.

Het is belangrijk dat u samenwerkt met uw hond. Alleen omdat hij je met grote ogen aankijkt, moet je niet toegeven. Maar erken ook wanneer vandaag niet zijn dag is en hij misschien niet wil leren. Net als bij een mens, is niet elke dag hetzelfde bij een hond. Druk is hier nutteloos. Wat hij vandaag niet wil leren, kun je hem morgen leren, als hij meer wil leren. Dan zult u ook meer succes hebben en dat is goed voor u beiden.

Maar denk er ook aan dat u niet per se "rustig aan" moet doen met een kleine hond, alleen maar omdat hij jong is. Dat zou precies de verkeerde manier zijn. Zoals u al weet, zijn vooral puppy's erg volgzaam en leren snel. Zij hebben nog geen ervaringen gehad die hen tegenhouden of verontrusten. U hebt de kans om uw kleine protégé een duwtje in de goede richting te geven, als u dat zo kunt zeggen.

Ja, inderdaad, het is niet gemakkelijk om een schattige en kleine Golden Retriever te vertellen dat het nu genoeg is met spelen. Dit hoeft niet elke dag en elke keer het geval te zijn. Maar één ding is duidelijk: het kan alleen slagen als beide partijen het willen. Natuurlijk zal je puppy niet naar je toe komen en vragen of hij met je mag leren. Het heeft uw "tussenkomst" en uw motivatie nodig. Als deze twee dingen aanwezig zijn, zult u ook snel samenkomen en samen het doel bereiken.

Goede samenwerking is belangrijk en ook al gelooft u het niet: uw kleine Goldie weet precies wat dat betekent. Hij wacht gewoon op u om hem te benaderen en om samen een groot en nieuw pad in te slaan.

6 Leren door spelen

Hier heb je misschien op gewacht. Een tip die je helpt het goede met het nuttige te combineren.

Daarom is het belangrijk dat u uw persoonlijke grenzen kent voordat u een hond neemt. Wat mag hij niet doen? Ga je gang en maak een lijst. Misschien mag hij niet op de bank of in bed. Schrijf alles op en verbied het onmiddellijk als uw puppy in huis is. Het is het makkelijkst als hij het helemaal niet doet. Natuurlijk kan dit ook speels worden gedaan. Lok hem weg van zijn knusse plekje met een leuk speeltje. U kunt ook "omkopen" met traktaties, maar dit moet altijd binnen het redelijke blijven. Goldies houden van eten voor de kost. Er moet nog steeds een verschil zijn tussen de dagelijkse maaltijd en de beloning.

Op dezelfde manier kunt u proberen uw hond te leren apporteren. Een nieuw speeltje is hier ook zeer geschikt. Laat je fantasie de vrije loop en vind je eigen persoonlijke weg. Laat uw hond een korte tijd tegen u opspringen en laat hem dan zien dat het niet goed is. Er is veel mogelijk op een speelse manier. Dit versterkt niet alleen het leren zelf, maar bevordert ook de band tussen u en uw hond. Uw viervoeter zal heel goed de grenzen leren kennen en na verloop van tijd begrijpen wat goed is en wat niet. Basiscommando's en basiscommando's kunnen geleerd worden als je spelenderwijs een gemeenschappelijk pad vindt. Nogmaals, evenwicht is vereist. Speel niet te veel, maar commandeer ook niet te veel.

Klinkt moeilijk? Dat is het niet. U zult zeker een manier vinden die u zal leiden naar een goed opgevoede hond.

7. slim en leergierig

Wat u nooit mag vergeten is dat u een slimme en leergierige hond hebt gekozen.

Zelfs als er problemen zijn, zal hij altijd bereid zijn te leren en zijn weg terug te vinden. Hij wil je niet teleurstellen, maar je laten zien wat hij kan. Als jij gelukkig bent, is je hond dat ook.

U zult verbaasd zijn over het uithoudingsvermogen van uw hond na slechts een korte tijd. Terwijl jij misschien al je voeten omhoog wilt leggen, is je protegé net begonnen. Zijn wil om alles goed en juist te doen is ongebroken.

Maar uiteindelijk werkt het alleen als je aan zijn zijde staat en samen aan de opvoeding werkt.

Maar wanneer is precies het juiste moment om een goede start te maken? Als je kunt, begin dan vanaf de 10e week. Dit heeft natuurlijk betrekking op de leeftijd van de hond. Hij moet niet te klein zijn, maar ook niet te oud. Er zijn natuurlijk verschillen als u een volwassen hond in huis neemt. Maar ook hier hoef je je geen zorgen te maken. Hij zal al een zekere opvoeding genoten hebben en zo niet, dan komt het wel goed. Je weet wel: Hij is volgzaam en wil leren.

Je Goldie zal je duidelijke signalen geven. Als je merkt dat hij vaak op zijn rug ligt, is daar een goede reden voor. Hij laat je zien dat hij onderdanig is. Dit is geen slecht teken. Het laat je zien dat hij precies weet dat jij de baas bent en niet je hond. Vergeet nooit: hoe schattig uw puppy ook mag zijn, u moet "de baas" zijn en duidelijke regels stellen.

Aangezien uw hond graag leert, moet u ook vroeg beginnen met de belangrijkste dingen. Uitstelgedrag kan hier en daar worden beheerst, maar niet op één gebied: netheid. Als uw hond binnenshuis leeft, moet u dat eerst aanpakken. Als hij buiten is, maakt het natuurlijk niet veel uit. Wat het tweede punt betreft, de halsband staat in verband met de leiband. Zelfs als uw hond veilig naast u loopt, heeft hij een leiband nodig. Het is niet altijd toegestaan honden zonder leiband uit te laten. Het is belangrijk dat uw lading dit ook weet en dat u erop kunt terugvallen als het ergste zich voordoet.

Als je er niet veel aan denkt, maak je dan geen zorgen. Hij zal er wel aan wennen, zeker als hij nu nog een puppy is.

OP WEG NAAR HOUSETRAINING

Het is een van de eerste dingen die moeten werken, althans als uw puppy vaak binnen is en niet altijd de gelegenheid heeft om buiten zijn behoefte te doen.

Zou het niet fijn zijn als je viervoeter al zindelijk bij je thuis zou komen? Helaas zal deze wens waarschijnlijk niet in vervulling gaan. Zelfs als je een oudere hond een thuis geeft, moet hij eerst wennen aan de nieuwe omstandigheden en bepaalde dingen trainen. Dit betekent dat zelfs als hij al zindelijk is, u toch in de gaten moet houden of het werkt of niet. In het ergste geval ben je sneller uit de problemen dan je zou willen.

Niettemin: Het moeilijkste is om een puppy te laten wennen aan het feit dat het niet overal zijn "rustige plekje" kan inrichten. Het is belangrijk dat u hier ruim de tijd voor neemt en niet te snel uw geduld verliest. Het zal zeker in het begin gebeuren dat er iets fout gaat. Het is net als in het ouderschap: niet alles lukt altijd de eerste keer. Dat zou te gemakkelijk zijn. Wat kun je doen om je doel van een "schone" hond te bereiken?

1. regelmatig naar buiten gaan

Dit is de topprioriteit als u op lange termijn en snel succes wilt boeken. Bedenk echter dat een "vasten" zich over meerdere maanden uitstrekt. Je zult niet van de ene op de andere dag slagen. Want zelfs als u alle regels volgt, zal uw opgroeiende hond vaak andere dingen aan zijn kleine hoofd hebben en niet willen begrijpen wat u hem wilt vertellen.

Het is dus belangrijk dat je elke dag naar buiten gaat. Wanneer is de beste tijd om dit te doen? Je kunt je heel goed oriënteren op mensen. Het klinkt misschien gek, maar mensen gaan meestal meteen na het opstaan naar het toilet. Het is hetzelfde met honden. Hij gaat misschien niet naar het toilet, maar hij heeft zeker een behoefte die niet veel oponthoud duldt. Als dit niet het geval is, kunt u hem ook trainen om dit te doen.

Begin dus met uw trouwe viervoeter elke ochtend uit te laten. Je hoeft niet een uur te lopen. Als uw puppy na tien minuten zijn behoefte al heeft gedaan, kunt u weer naar huis. Hij zal niet meteen begrijpen dat je daarom bent uitgegaan, maar op deze manier kun je hem laten wennen aan vaste tijden. Natuurlijk, dit kost tijd, maar het is een goed begin.

Maar het is niet alleen goed om na het opstaan naar buiten te gaan. Het is ook belangrijk na het voeden. Je kunt dit combineren. Als uw puppy 's morgens vroeg zijn eten krijgt, hoeft u de riem niet twee keer te pakken. Het is genoeg om hem te laten eten en dan te gaan wandelen.

Het kan ook de moeite waard zijn na een uitgebreide speelsessie. In het beste geval gebeurt dit in de vrije natuur en heeft u het een direct met het ander gecombineerd. Als dit niet mogelijk was omdat het slecht weer was, zorg er dan voor dat u een wandeling in de frisse lucht maakt, al is het maar een paar stappen.

Want vooral na het spelen, zijn de darmen ook in beweging. Het zou niet ongewoon zijn als uw hond zichzelf zou willen ontlasten.

Misschien rijst er een vraag uit deze verklaringen: Wat kun je doen als je puppy niet wil? Dat kan zeker gebeuren. Veel kleine rakkers hebben niet veel zin om 's morgens vroeg of meteen na het spelen en eten naar buiten te gaan als ze dat in het begin niet gewend zijn. Je kunt ruzie maken en lief praten, maar het zal niet veel uithalen, volgens het motto: Wat het hondje niet wil, dat wil hij niet.

U mag dit echter in geen geval toestaan. Uiteindelijk bent u degene die de rotzooi moet opruimen, en dat is zeker niet in uw belang. Eerlijk gezegd zal uw hond later liever en meer op zijn gemak zijn als hij weet hoe en waar hij kan "gaan".

Dus welke optie heb je om je puppy te overtuigen? Het is simpel: Leg hem in je armen en neem hem mee naar buiten. Het klinkt te gemakkelijk, maar het is zo. Hij heeft geen keus daar, hij zal zich op zijn gemak voelen en als je een eindje van huis bent, kan hij zich vrij bewegen.

Tot uw puppy drie maanden oud is, moet u proberen om elke drie uur naar buiten te gaan. Volg de voorgeschreven activiteiten en hou de klok in de gaten. Het is heel goed mogelijk dat het eerder zal gebeuren.

Een Goldie, zoals wij mensen, is geen uurwerk. Als hij moet, moet hij. Wees alert, maar denk er ook aan dat je hem niet elke seconde hoeft op te jagen. Dat is niet goed voor u en uw hond.

Wat heel belangrijk is: Als het buiten gelukt is en uw Goldie heeft zich ontlast, is uitgebreid prijzen op zijn plaats. Dit kan volledig overdreven zijn. Het is belangrijk dat uw puppy begrijpt dat hij het heel goed gedaan heeft. Dan kijkt hij al uit naar de volgende keer en zal hij snel vrijwillig naar buiten komen. Een kleine traktatie is ook toegestaan van tijd tot tijd.

2. het juiste moment

Eén ding is duidelijk en voor elke pup hetzelfde: ze houden er niet van om hun behoefte te doen in de buurt van de slaapplaats. Dit betekent niet noodzakelijkerwijs alleen de plaats waar zij slapen. Het kan ook het hele huis betekenen. Hier moeten de verschillen van hond tot hond nog worden uitgezocht.

Wat betekent dat? U hoeft niet verbaasd te zijn als uw puppy pas zin in opluchting krijgt als hij het huis een flink eind achter zich heeft gelaten.

Nogmaals op dit punt: Geduld is belangrijk. Zelfs indien dit niet gebeurt, moet hier nogmaals worden gezegd dat zelfs een onproblematisch proces geen garantie is. Als uw puppy altijd met succes zijn behoefte buiten heeft gedaan, kan het de volgende dag nog steeds binnen zijn. Dit is niet om je te plagen, maar hij is er gewoon nog niet klaar voor en heeft meer tijd nodig. Geef hem dit en je zult snel een zindelijk puppy hebben.

Maar wat zijn de tekenen dat uw hond absoluut naar buiten moet? Je kunt dit vrij gemakkelijk herkennen:

> Hij wordt rusteloos en kan heen en weer rennen. Hij kan ook zijn pootjes op de deur zetten en u zelfs laten zien dat hij eruit wil (maar dan is hij al ouder). Het is belangrijk te letten op een merkbare en ongewone rusteloosheid die niet tot bedaren kan worden gebracht.

> Sterk snuiven kan ook een reden zijn. Een Goldie is een jachthond en zal altijd hier en daar iets opsnuiven. Maar in dit geval gebeurt het onophoudelijk en wil niet stoppen. Waarom hij dit doet is niet bewezen, maar het is merkbaar en moet door u zorgvuldig worden geanalyseerd. Het is beter eenmaal te vaak te handelen dan te weinig.

> Zoals reeds kort vermeld, kan later naar de deur gaan ook een aanwijzing zijn. Dit zal echter zeker niet de eerste paar keer gebeuren. Maar als je je aan je dagelijkse ritueel houdt en met hem naar buiten gaat, zal hij snel weten wat er achter de deur wacht.

> De meeste honden draaien rondjes voor ze hun behoefte doen. Maar hier moet je weten dat het dan echt de hoogste tijd is. Dit is meestal precies wat er gebeurt vlak voor het spenen. Je kunt dit ook buiten observeren. Slechts zelden zal uw hond gewoon stoppen en "er voor gaan". Hij zal een paar keer rondjes draaien en dan voelt hij dat hij klaar is. Klinkt grappig, maar het is een volkomen normale reactie.

Als u ook maar één van deze vier tekenen ziet, is het tijd om actie te ondernemen. Dan zou het niet veel tijd kosten om naar buiten te gaan.

Natuurlijk kunt u zich vergissen en heeft uw puppy gewoon plezier in het snuffelen omdat u misschien iets lekkers heeft klaargemaakt. Je zult er snel achter komen.

De regel zou moeten zijn: Het is beter één keer te veel naar buiten te gaan dan één keer te weinig!

3. verschil in de nieuwe woning

Maar ondanks alle moeite, kan het gebeuren dat het gewoon niet lukt. Hier kan het helpen om je van tevoren te informeren. Je hebt je hond waarschijnlijk van een fokker of een andere particulier. Hij zal daar al eerder zaken hebben gedaan. Als er hier verschillen zijn, kan een puppy het moeilijk krijgen.

Wat betekent dat voor jou? Uitzoeken wat er anders is en proberen het te verhelpen indien mogelijk.

Het is dus mogelijk dat uw puppy in zijn oude huis een bepaald oppervlak had waarop hij zijn behoefte deed. Nu is hij verhuisd en dat is niet meer het geval. Dit lijkt voor ons niet zo erg, maar voor zo'n klein hondje is het een echt probleem. Dat betekent niet dat je hem precies dat kussen moet geven. Het duurt gewoon wat langer en je kunt hem meer tijd geven om aan de nieuwe omstandigheden te wennen.

Maar afleiding speelt ook een grote rol. De wereld is nieuw en mooi. Vooral na een verhuizing, is er zoveel te zien. Dus waarom zou ik, als kleine hond, me concentreren op iets dat helemaal vanzelf gaat? Dat is ongeveer wat uw puppy zal denken en u zult zeker meteen begrijpen waarom het niet altijd lukt. Hier is een vogel en daar is een mooie bloem. De tijd gaat zo snel, de deur is dicht en plotseling is het gevoel van leeglopen weer terug. Maar op dat moment is het te laat en zit er niets anders op dan het gewoon te "laten lopen".

Ook al is het moeilijk, het kan helpen om in dit geval afleiding te vermijden of een paar minuten langer in de lucht te blijven als dergelijke gebeurtenissen voor de pup heel opwindend zijn.

Als de deur eenmaal dicht is, zul je er in het dagelijks leven op vertrouwen dat hij dat niet hoefde. Maar je kunt niet weten wat er in het hoofd van je hond omgaat.

Maar het kan ook helpen om een plek te vinden die uw hond echt leuk vindt. Je kunt niet weten waar deze plek is, maar je puppy zal het je laten zien. Dit neemt vaak enige tijd in beslag. Geef het aan hem. Hij heeft in het begin misschien geen vaste bestemming, maar zal hier en daar zijn behoefte doen. Na verloop van tijd zal hij echter een plek vinden die hij steeds weer bezoekt. Dit hoeft niet altijd precies dezelfde plaats te zijn. Veel honden gaan liever achter het huis. Dit kan ook het geval zijn met uw viervoeter. Dus als je niet zeker bent, zoek dan deze plek. Als hij echt moet, zal hij ten laatste weten wat hij daar moet doen en zich losmaken.

4. bench training

Een andere manier om uw puppy eraan te laten wennen dat hij niet overal in huis zijn behoefte doet, is bench-training.

Eén ding moet echter gezegd worden: Het is niet populair bij alle hondenliefhebbers en vooral niet bij deskundigen. Vaak gaan stemmen op die zeggen dat de hond zich opgesloten of van zijn vrijheid beroofd voelt. U zult uit de verklaringen kunnen opmaken waarom dit zo is of waarom deze indruk zou kunnen ontstaan.

Maar waar gaat het over? Zoals de naam al zegt, is het de bedoeling dat uw puppy gewend raakt aan het idee dat de bench de plaats is waar hij zijn behoefte kan doen. Zoiets als met katten. Maar dit is niet zo gemakkelijk als uw hond er niet aan gewend is. Nogmaals, het hangt af van hoe de vorige eigenaar ermee omging. Als de vorige eigenaar al zo'n ervaring heeft gehad, zult u zeker geen grote problemen hebben.

Maar waarom wordt dit punt hier gemaakt? Er zullen gewoon altijd dagen zijn waarop u niet regelmatig naar buiten kunt. Vooral 's nachts kan het grote voordelen hebben als uw hond in de bench gaat en daar zijn behoefte doet. Natuurlijk is buiten altijd beter, maar dat is in ieder geval beter dan 's morgens binnen de boel overhoop halen.

Bent u nu geïnteresseerd en wilt u weten hoe u het kunt implementeren? Zoals met alles kost ook deze oefening veel tijd en zoals reeds gezegd, zijn vooral deskundigen er niet zo enthousiast over. In hun ogen is de training niet erg hondvriendelijk. Je kunt het beste voor jezelf beslissen of je er net zo over denkt. Misschien bent u enthousiast, of misschien beseft u dat het voor u en vooral voor uw trouwe viervoeter geen optie is. Je kunt er alleen achter komen door het te proberen zonder je te laten beïnvloeden door andere stemmen en meningen. Het kan zijn dat u van de voordelen zult genieten.

Eén ding moet duidelijk zijn aan het begin: Puppy's kunnen hun lichaam nog niet controleren zoals wij dat zouden willen. Als er iets misgaat en niet in de bench gaat, is dat geen slechte bedoeling.

Als een kleine leidraad, is er een uurlijkse maatregel. Elke puppy kan per uur urine en ontlasting vasthouden, zolang hij maanden oud is. Dit betekent dat wanneer uw hond een maand oud is, hij zijn zaakjes (dit gaat meer over het kleine) een uur lang kan ophouden. Als hij drie maanden oud is, kan hij het drie uur lang doen. Dat is een goed vooruitzicht, is het niet? Zo hoef je niet zo vaak naar buiten als de hond ouder wordt. Maar het is belangrijk dat je het niet helemaal vergeet. Na uiterlijk vier uur moet uw puppy altijd naar buiten kunnen om zijn behoefte te doen. Anders kan er een onplezierig incident gebeuren.

In de eerste plaats is het raadzaam de doos aantrekkelijk in te richten. Je hebt juist gelezen: Een hond wil zich ook op zijn gemak voelen. Hiervoor kunt u kiezen voor een normale bodembedekking, waarin zelfs veeleisende katten zich prettig voelen, of voor een rubberen mat. Als uw puppy bijvoorbeeld bij de vorige eigenaar zijn behoefte deed op de mat, is dit ook een goede keuze in uw bench. Dan weet hij al hoe het moet en zul je misschien sneller slagen. Probeer het eens.

Het is ook belangrijk dat u een oppervlak kiest waarop hij niet kan bijten. Kleine honden in het bijzonder hebben nog steeds een zeer uitgesproken speelinstinct. Als ze tijd hebben, komen ze met allerlei gekke ideeën waar ze overdag niet aan zouden denken. Dus waarom scheur je het tapijt niet uit de kist? s Nachts, of als er niemand thuis is, hebben ze tijd genoeg. U begrijpt het al, er moet een onderlaag of kussen zijn dat niet door kleine hondenpups kan worden aangetast.

Bovendien moet ervoor worden gezorgd dat er geen materialen worden bevestigd die kunnen worden ingeslikt. Het is net als met kleine kinderen: Alles wordt gezien en in de mond genomen, in dit geval in de mond. Let hier goed op, want het kan snel een dodelijke val worden. Natuurlijk is het nog steeds toegestaan om een speeltje in of bij de bench te leggen. U weet het best wat uw hond leuk vindt en waar hij zonder toezicht mee kan spelen.

Niet alleen het oppervlak is belangrijk, maar ook de kist zelf. De maat moet passen bij uw hond. Het is ook belangrijk om na te denken over hoe groot uw puppy later zal worden. Natuurlijk kunt u in het begin een kleine bench kopen, maar later zult u die hoe dan ook moeten veranderen, zodat uw viervoeter ook voldoende ruimte heeft. Uw hond moet kunnen rechtstaan om zich echt op zijn gemak te voelen. Hij moet zich in ieder geval kunnen omdraaien en gaan liggen, want het kan best zijn dat hij langere tijd in zijn bench moet doorbrengen.

Het is ook belangrijk dat uw hond eten en water in de bench vindt als hij er lange tijd doorbrengt. U vraagt zich nu zeker af: "Waarom dit allemaal?" - gaat het er hier niet om zaken te doen en daarna weer snel naar buiten te gaan? Nee, zo is het niet. Eigenlijk, is het net andersom.

Uw hond brengt b.v. drie uur in de bench door en moet gedurende die tijd leren om zijn behoefte daar niet te doen. Een hond die drie maanden oud is, mag nooit langer in de bench blijven. Dan kan hij naar buiten om zich te ontlasten. Om deze reden is de procedure niet populair bij alle hondenliefhebbers. Uw viervoeter brengt een lange tijd door in een bench waar hij geen beweging in heeft. Het is belangrijk dat u zich consequent aan deze tijd houdt om echt succes te boeken.

Het zal zeker niet de eerste keer lukken. Geef uw viervoeter de tijd om eraan te wennen. Maar het kan ook zijn dat hij er helemaal niet mee om kan gaan. Observeer zijn gedrag. Sommige honden doen hun behoefte opzettelijk in de bench omdat ze bang zijn of zich gewoon niet op hun gemak voelen.

> **Let wel** - ook al klinkt het u nu onbegrijpelijk in de oren: het mag niet te gezellig zijn in de kist. Een speeltje zou goed zijn, zodat uw puppy er ook in gaat. Als u echter een te grote bench kiest, bestaat het risico dat uw viervoeter zijn behoefte doet aan de ene kant en comfortabel gaat liggen aan de andere. Een leereffect is hier niet te verwachten. Het is beter om iets kleiners te kopen, maar zorg ervoor dat hij kan staan.

Zoals reeds gezegd: Observeer uw hond zeer goed. Niet iedereen is geschikt voor bench training. Ook al lijkt het op het eerste gezicht een zeer goede optie, het hangt altijd af van de samenwerking met uw trouwe viervoeter. Als het niet werkt en hij zich er merkbaar slecht bij voelt, moet je het loslaten en een andere manier zoeken. Je zult zeker een andere manier vinden, ook al duurt het succes wat langer. Uw hond zal u er dankbaar voor zijn en het heeft geen zin u van hem te vervreemden.

5. 's nachts

Hoe is het 's nachts? Hier heb je zeker niet veel zin om naar buiten te gaan. Misschien vraagt u zich nu af of u uw trouwe viervoeter 's nachts niet in de bench kunt opsluiten. Dan zou het "probleem" in ieder geval beperkt zijn. Maar dit is geen goed idee. Denk er nogmaals aan dat de ruimte beperkt is en dat uw hond maar een paar uur in de bench mag doorbrengen. Je zou dan 's nachts weer moeten opstaan en niet erg gelukkig voor jezelf zijn.

Het kan gebeuren dat uw hond een hoekje in huis opzoekt tot hij zich kan ontlasten. Dit is ook niet gemakkelijk voor de viervoeter, als hij precies weet dat hij dit niet mag doen. Maar wat kan hij doen?

In grote lijnen zijn er drie mogelijkheden. Je kunt hem laten wennen aan een nacht buiten in een kennel. Natuurlijk kan dit niet van de ene dag op de andere. Er zijn honden die hier helemaal geen problemen mee hebben, maar dan moet je ze leren kennen als ze puppies zijn. Nogmaals, het is belangrijk om met kleine stapjes te beginnen en uw puppy niet meteen een hele nacht binnen te sluiten. Misschien kun je een uur per dag proberen om uit te vinden hoe het hem beïnvloedt.

Een andere mogelijkheid zou een doos zijn die dicht bij u in de buurt is. Maar hier moet je er rekening mee houden dat je 's nachts moet opstaan. Het is een beetje als het hebben van een klein kind. Koop een bench voor uw hond die gezellig is. Uw hondje zal er immers in slapen en moet ook voldoende ruimte hebben (een duidelijk onderscheid met bench training). Zet deze doos naast je bed. Dan heeft uw hond de gelegenheid zich kenbaar te maken als hij echt een drukkend gevoel heeft. Maar als u een zeer goede slaper bent, is het nog maar de vraag of u wakker zult worden. Dan kun je het alleen uitproberen.

Een derde en laatste manier om uw puppy hier te helpen is de wekker. Zet uw wekker op een vaste tijd 's nachts. Dit is zeker niet gemakkelijk en als u problemen heeft met inslapen, moet u goed nadenken over deze optie. Probeer op een vaste tijd op te staan en uw hond buiten te laten. Het is natuurlijk de vraag of hij op dat tijdstip naar buiten moet gaan. Het zal even duren voor hij aan het ritme gewend is, maar samen vinden jullie wel een manier.

Dat klinkt misschien niet veelbelovend en zeker niet als veel slaap. Als dit allemaal te inspannend lijkt, is de eerste optie met de kennel misschien een goed alternatief.

Maar misschien is er nog een kleine troost. Hoe ouder uw hond is, hoe minder vaak hij naar buiten zal moeten om zijn behoefte te doen. Het gaat hier echt alleen om de pup die 's nachts één of zelfs twee keer zijn behoefte moet doen. Oudere honden kunnen het zeker een hele nacht volhouden.

Dit betekent dat als u 's avonds kort voor het slapengaan de gelegenheid nog eens biedt en 's morgens vroeg de deur weer opent, er 's nachts niets mag gebeuren. Klinkt dat te mooi om waar te zijn? Maar het werkt! Sommige honden houden het 's nachts meer dan tien uur vol. Het is allemaal een kwestie van training en, natuurlijk, leeftijd.

Voel je vrij om het een beetje uit te proberen. Als de eerste optie geen optie is, heb je nog twee andere. Ook al klinken ze op dit moment niet aanlokkelijk, toch kunnen ze op den duur een verademing zijn. Alles is beter dan elke morgen die rotzooi in je huis.

Onthoud, zoals ik al eerder zei, dat dit slechts een tijdelijke fase is. Zodra uw hond ouder is en gewend is aan de nieuwe omstandigheden, zal ook dit "probleempje" tot het verleden behoren. Dan kunt u zich omdraaien en elke nacht rustig doorslapen.

Het kan een lange weg zijn naar zindelijk worden, maar het zal niet zonder succes blijven.

6. drie tips voor gegarandeerd succes

Misschien ben je nu nog terughoudend over je vreugde. Wie zegt je dat je inspanningen echt met succes bekroond worden? Daar kom je alleen mettertijd zelf achter, maar het komt wel goed. De enige vraag is wanneer.

Maar u kunt ook extra steun verlenen. U zult in dit punt leren hoe u dit moet doen en het is het proberen waard. Deze tips kunnen bijzonder geschikt zijn als uw hond grote problemen heeft en u vindt dat het al veel langer duurt dan nodig is.

- Een **hondentoilet** kan een goede ondersteuning zijn en uw viervoeter leren dat hij zich niet in huis en overal moet ontlasten. Hij zal dit vrij snel begrijpen, maar het oppervlak houdt ook een klein gevaar in. Hij kan te snel gewend raken aan de mat of het nest. Dit kan voordelen hebben voor de flat, en als het toch een flatdog is, heb je hier al het grote succes. Als u echter meer geïnteresseerd bent om uw hond buiten in de natuur te laten ontlasten, kunnen er hier vertragingen optreden. Hij zal snel aan de grond wennen en misschien niet langer zijn behoefte op het terrein en dus op het gazon willen doen. Let goed op hoe hij zich gedraagt.
- Het juiste **reinigingsmiddel** is zeer belangrijk. Mocht er een ongelukje gebeuren met je lieveling, dan moet je dat natuurlijk opruimen. In het beste geval gebeurt dit snel. Het gebruik van alleen een doekje is echter niet voldoende. Het is hier van belang dat u een speciaal reinigingsmiddel gebruikt, bij voorkeur een met een tamelijk gedenkwaardige geur. Zoals u weet, heeft uw hond een goede neus, en als hij eenmaal een plek voor zichzelf heeft ontdekt en zijn geur daar terugvindt, kan het gebeuren dat dit al snel zijn favoriete plek wordt. Om dit tegen te gaan, heeft het een andere geur nodig en een reiniger kan je die geven. Dit betekent natuurlijk niet dat het sterk moet ruiken. Integendeel: uw hond ruikt zelfs de kleinste veranderingen en hij zal het opmerken, dat is zeker. Dus maak je geen zorgen: vanaf nu hoef je niet meer in een woonkamer te wonen die naar sterk wasmiddel ruikt. Hier is minder vaak meer en uw hond zal deze plek voortaan mijden. U kunt ook naar een goede

speciaalzaak gaan voor advies. Er is hier zeker een oplossing voor u, uw viervoeter en voor een onaangename geur.
- Het is zeker niet gemakkelijk, maar het is waarschijnlijk het belangrijkste advies van allemaal: Geef **uw hond geen standje**. Je zult zeker boos op hem zijn en je aan hem ergeren, maar helaas maak je daar niets beter door. Maar hoe doe je dat? Dit is vrij eenvoudig en wordt beschreven met een woord dat u misschien niet zal bevallen: onwetendheid. Maar dit slaat niet op uw puppy, maar op de poep of plas die niet zo gepland was. U kunt uw puppy vergelijken met een klein kind. De kleine hond heeft zijn blaas nog niet zo goed onder controle als hij zou willen. Vaak merkt hij het zelf pas als het al gebeurd is. Misschien kent u ook de situatie met kleine kinderen: ze wordt gevraagd of ze naar het toilet moeten, zeggen nee en een paar minuten later is het al gebeurd. Het is misschien een vreemde vergelijking, maar het is hetzelfde met uw puppy. Maar waarom zou je ze niet uitschelden? Dat is makkelijk te verklaren: uw jonge hond kan niet begrijpen dat hij een fout heeft gemaakt. Het enige wat hij zeker weet is dat het fout was van hem om zijn zaken te doen. Hij kan niet begrijpen dat het op de verkeerde plaats was. Hier heb je twee problemen tegelijk. Het is mogelijk dat een vertrouwen dat u net hebt opgebouwd, op deze manier verdwijnt. Het is ook mogelijk dat uw puppy vanaf deze dag op zoek gaat naar hoekjes die u niet zo snel zult vinden. Hij wil niet dat je boos op hem bent, en dat is reden genoeg voor hem om zich te verstoppen. Hij weet misschien wel dat je het uiteindelijk zult vinden, maar hij wil het zo lang mogelijk uitstellen.

Twee dingen zijn belangrijk op dit punt en ondanks alle hulpmiddelen: Wees geduldig. Blijvend succes kan nog lang op zich laten wachten. Maar er is niet zoiets als te laat. Geef uw viervoeter de tijd en prijs hem uitbundig als het op de juiste plaats lukt. Bovendien is het belangrijk om het uitgaan te verlengen wanneer dergelijke incidenten zich voordoen. Het kan best zijn dat uw kleine viervoeter meer tijd nodig heeft om zich in de frisse lucht te ontlasten. Probeer het en leid niet alleen jezelf, maar ook je kleine protégé stukje bij beetje naar het doel.

7. ouder, maar weer onrein

Het had zo goed uitgepakt, maar nu lijkt het alsof je weer helemaal opnieuw begint. Uw hond is al lang volwassen, kent zijn plaatsen en heeft nog nooit problemen veroorzaakt op het gebied van zindelijkheid. Maar nu lijkt het erop dat precies deze zorgen weer beginnen. Plotseling gaat hij weer in de hoek staan, verstopt zich en weet ook zichtbaar deels precies wat hij fout heeft gedaan. Waarom? Je begrijpt het niet. Je vraagt je al een tijdje af wat je fout hebt gedaan.

Eén ding moet u zich realiseren: het is niet uw schuld.

Eerst is het belangrijk om de reden te achterhalen. Als uw hond jonger is, kan het zijn dat hij gewoon een goede fase had en er uiteindelijk nog niet klaar voor was. Maar dat is niet erg en kan met een beetje meer tijd geregeld worden.

Als je protégé ouder is, is de situatie anders. Hier kun je niet aannemen dat hij het van de ene dag op de andere vergeten is. Het is veel waarschijnlijker dat een fysieke reden de oorzaak is.

Als het eerste het geval is, kunt u alleen met uw puppy blijven oefenen. Maar als het tweede geval aan de orde is, moet u uitzoeken wat er mis is met uw hond. Is hij aan het plassen of is hij zijn grote zaak aan het verliezen? Daar zijn vele redenen voor. Het kan blaas zwakte zijn of spijsverterings problemen. Een allergie is ook mogelijk. Alleen een dierenarts kan dat bepalen. Ook mogelijk en iets ernstiger bij zeer oude honden is een probleem met de sluitspier. U kunt hierover ook advies inwinnen.

Kortom: Met zulke pathologische problemen kan uw hond de verandering niet helpen. Hij wil het zeker niet, maar hij kan het niet controleren.

Probeer vrij snel een oplossing te vinden. Deze veranderde omstandigheid is niet leuk voor uzelf en natuurlijk ook niet voor uw hond. Hoe langer het duurt, hoe meer uw viervoeter zich ook onwel zal voelen.

Afgezien daarvan is het belangrijk een pathologische oorzaak snel en betrouwbaar tot op de bodem uit te zoeken, zodat deze niet verergert.

Dus als er na twee dagen geen verbetering optreedt en uw hond, die al lang schoon is, deze problemen heeft, laat hem dan nakijken.

8. verdere mogelijkheden

Wat als uw dierenarts niets kan vinden en uw hond al ouder is en deze reden dus ook niet meer aan de orde is?

Dan betekent het niet dat er geen andere mogelijkheden zijn. Let ook op de volgende dingen en u zult de oplossing vinden:

- Voormalige kennelhonden hebben heel vaak problemen om te wennen aan het leven binnenshuis. U bedoelt het vast goed en wilt uw hond, om wat voor reden dan ook, een nieuw thuis binnenshuis bieden. Hij lijkt het niet erg te vinden, maar natuurlijk is de omgeving nieuw op de lange termijn. Het kost tijd en hij is er al niet aan gewend dat hij zijn zaak niet zomaar laat vallen. In de kennel, kon het niemand iets schelen. Daar mocht hij heen wanneer hij maar wilde. Nu is het anders en je pleegkind kan niet begrijpen waarom. Help hem daarbij en neem hem, zoals u al hebt gehoord, regelmatig mee naar buiten. Als het helemaal niet beter gaat, kan hij alleen maar terug naar zijn oude kennel.
- Gebrek aan vertrouwen is ook een mogelijkheid. Bij uzelf zal dit zeker onwaarschijnlijk zijn als u een goede relatie met uw hond heeft. Maar ook hier kunnen zich bepaalde problemen voordoen. Misschien was er een "gevecht" en nu is je hond ontevreden. Probeer uit te vinden of dit een reden kan zijn en benader jullie beiden. Er kan ook sprake zijn van een moeilijke vertrouwensrelatie als een andere persoon korte tijd op uw hond moet passen. Vooral als hij die persoon niet kent, is het niet zo gemakkelijk om meteen met hem in zee te gaan. Het is de andere stem, het andere gedrag en misschien ook de omgang met het dier zelf. Er zijn vele redenen waarom vertrouwen niet voldoende is en precies deze problemen zich voordoen.

- Het is echter ook mogelijk dat er iets niet volgens plan is gegaan bij de opleiding voor netheid. In de regel komt dit probleem voor bij zeer jonge honden. Maar het is ook mogelijk dat het gebeurt met oudere honden die nieuw zijn in uw huishouden. Zij moeten eerst aan alles wennen en kunnen er daarom bepaalde problemen mee hebben. Hier helpt het om met veel geduld tegen te gaan en de oplossing van het probleem zal niet al te lang op zich laten wachten.

Tot slot, een tip die je nooit mag vergeten. Het maakt niet uit hoe oud, groot, klein of schattig uw hond is: als zo'n ongelukje gebeurt, wees dan niet boos. Dit gaat niet alleen over uitschelden. Veel eigenaren hebben de neiging om gewoon ontevreden te zijn of niet met hun viervoeter te praten.

Maar dat is precies hetzelfde. Uw hond merkt precies dat er iets mis is. De Golden Retriever in het bijzonder is zeer op u afgestemd en is aan u gehecht, misschien nog wel meer dan bij een ander ras het geval is. Elke vorm van verdenking valt hem op en er is waarschijnlijk niets ergers voor hem dan afgewezen te worden door zijn meesteres of meester. Daar komt nog bij, zoals u al weet, dat hij op dat moment niet eens kan plaatsen wat hij verkeerd heeft gedaan. Uiteindelijk wordt alles alleen maar erger en kan het probleem alleen maar met nog meer vertraging worden opgelost.

Maar het temperament van uw hond kan ook een antwoord geven en uw acties sturen. Als je een hond hebt die erg angstig is, kunnen dit soort problemen zich sneller voordoen. Het duurt maar het kleinste moment, dat je zelf niet eens opmerkt, en het is gebeurd. Onthoud altijd: het maakt niet uit hoe groot en dapper je Goldie is, ook hij kan bang worden, en dat is natuurlijk niet altijd zo. Deze momenten zijn cruciaal. Als je ze herkent, is er al veel gewonnen. Samen vinden jullie wel een oplossing en is zindelijk worden niet meer zo ver weg.

Soms is er gewoon wat geduld voor nodig. Maar nog belangrijker op dit pad: veel liefde!

Het trainen van de Golden Retriever - Stap voor Stap

Een Golden Retriever die niet apporteert? Dat bestaat nauwelijks. Zoals u al weet, is uw hond een jachthond en zit het gewoon in zijn genen om te jagen, te apporteren en in het beste geval ook iets terug te brengen. Maar vooral dat laatste vergt oefening en is niet vanaf het begin een gegeven.

U kent vast ook wel puppies die blij zijn als er iets wordt gegooid, maar er in het begin niet aan denken om het terug te brengen. Maar wat niet is, kan nog worden. Maar hoe kunt u snel succes boeken en uw hond daartoe aanzetten? Hieronder vindt u een kleine maar nuttige stap-voor-stap handleiding die u onmiddellijk kunt toepassen.

VEEL VOORDELEN

Maar laten we eerst eens kijken naar de voordelen, als u nu nog niet helemaal overtuigd bent. Terughalen lijkt u goed, maar of het echt nodig is, is nog niet helemaal duidelijk.

Misschien kunnen de punten die u nu gaat lezen u helpen. Ze laten zien wat er nog meer schuilgaat achter het terughalen.

- ✓ Je hebt niet veel uitrusting nodig voor de oefening. U kunt met uw Goldie op elke wandeling oefenen en u hoeft niets mee te nemen. Je vindt alles wat je nodig hebt op het bospad. Gooi een tak en probeer je protégé te overtuigen om apport te spelen.
- ✓ Uw hond wordt lichamelijk getraind en vindt ook mentale activiteit. Dit gaat niet alleen over het lopen aan de lijn, maar

ook over het rennen, wat heel belangrijk is voor uw Goldie. U zult snel merken hoeveel meer energie er nodig is voor een run dan gewoonlijk. Maar dit is van positieve aard.
- ✓ De relatie tussen u en uw hond wordt versterkt. Vooral als hij nog niet zo lang in de familie is, kan dit heel belangrijk zijn. Zo went hij sneller aan u als zijn baasje en weet hij welk woord belangrijk is.
- ✓ De gehoorzaamheid van de hond wordt ondersteund en aangemoedigd. Vooral voor opgroeiende viervoeters is dit niet zo gemakkelijk en zeker niet vanaf het begin vanzelfsprekend. Op deze manier leert uw hond echter dat het belangrijk is om naar uw woord te luisteren en consolideert hij deze opvatting beetje bij beetje.

Zie je wel: De voordelen zijn onmiskenbaar en kunnen zelfs uw laatste twijfels overwinnen. Als u er nog steeds niet zeker van bent, zullen de stap-voor-stap instructies u misschien overtuigen en zult u inzien dat het niet zo moeilijk is. Elke Goldie kan leren apporteren, want er zit een jachthond in hem.

Er is dus al veel gegeven voor succes.

De eerste weken

Nu is de tijd gekomen en je hebt gekozen voor een kleine Golden Retriever van een gerenommeerde fokker. Natuurlijk ligt er in zijn nieuwe huis een knusse hondendeken in een rustig hoekje op hem te wachten en staat er een krat met speelgoed voor hem klaar om mee te spelen. Een goed passend tuigje en riem zijn ook klaar voor de eerste uitstapjes. Maar hoe zal je nieuwe vriend reageren op de nieuwe omgeving? Vergeet niet dat u hem nu scheidt van zijn moeder en nestgenoten en dat er een heel nieuw leven voor hem begint.

Waarschijnlijk zal de kleine pup in het begin bang en gestrest zijn. Misschien zal hij ook janken tijdens de hele rit naar huis. Daarom moet u ervoor zorgen dat uw huis rustig en ontspannen is wanneer u aankomt. Eenmaal thuis aangekomen, zal uw hond zich eerst moeten oriënteren. Toon hem rustig zijn plaats en zijn eetplaats en laat hem alleen rondlopen om overal aan te snuffelen. Dan kun je hem zijn eerste maaltijd aanbieden in zijn nieuwe huis.

Geef uw puppy indien mogelijk hetzelfde voer als hij van de fokker kreeg. Een verandering moet pas later gebeuren en niet plotseling. Het is geruststellend voor uw puppy als hij weet wanneer hij eten krijgt. Dus spreek tijden af en laat een routine ontstaan. Verdeel het dagrantsoen in vier maaltijden.

Als je geluk hebt, zal je kleine vriend zich snel thuis voelen, maar het kan ook zijn dat je slapeloze nachten hebt omdat hij zijn moeder en broers en zussen mist en daardoor veel zeurt.

Het kan raadzaam zijn de eerste paar nachten een hondenkrat te gebruiken. Plaats het zo dat uw hond u kan zien en ruiken. Op deze manier kan hij niet ongecontroleerd in de flat rondrennen en zichzelf verwonden. En bovenal, uw meubels zullen gespaard blijven.

Vooral de eerste dagen en weken in een nieuwe omgeving zullen uw kleine hond vormen. Laat hem indien mogelijk niet lang alleen, want dan stel je hem bloot aan een grote stresssituatie. Hij zou een angst kunnen ontwikkelen om alleen te zijn en beginnen met het vernielen van uw meubels of andere voorwerpen. Als het later onvermijdelijk is dat uw hond overdag alleen moet blijven omdat u naar uw werk moet, bereid hem daar dan langzaam op voor.

Samen spelen is ook een onderdeel van de opvoeding van een puppy en bevordert de band tussen jullie beiden. Hier zijn de eerste regels al vastgesteld en moeten worden gevolgd.

Laat uw puppy al in een vroeg stadium wennen aan vreemde geluiden. Dit kan de deurbel zijn of de haardroger, bijvoorbeeld. Hij moet alles te weten komen wat zich in de flat en de omgeving afspeelt, zodat hij geen angsten hoeft te doorstaan.

Neem hem vaak mee naar buiten, zodat hij verschillende oppervlakken leert kennen en andere schepsels ontmoet.

U moet uw kleine puppy ook al in een vroeg stadium laten wennen aan het rijden in de auto. Ten laatste als hij voor de eerste keer naar de dierenarts gaat, zal hij met u in de auto moeten meerijden.

Begin ook meteen met de verzorging enz. Laat je vriend weten hoe het is om door jou van boven tot onder aangeraakt te worden en dat het niet erg is.

Elke persoon in uw gezin moet een band opbouwen met het nieuwe gezinslid. Zorg ervoor dat iedereen tijd besteedt aan het voeren van de puppy, het naar buiten brengen of het borstelen van zijn vacht.

Elke actie, hoe klein ook, moet beloond worden. Je kleine vriend leert het beste door zulke positieve ervaringen.

DE GEBAREN EN GEZICHTSUITDRUKKINGEN VAN DE PUP

Het interpreteren van de hond en de lichaamstaal van uw hond kan soms heel spannend en interessant zijn. Dit geeft u de kans om uw Golden Retriever in verschillende situaties te beoordelen en met vooruitziende blik te handelen. De vakliteratuur biedt voldoende materiaal over dit onderwerp of u kunt een hondenschool bezoeken waar u instructies krijgt en steeds opnieuw gerustgesteld kunt worden.

De hond heeft geen agressieve trekken, maar is heel slim, lief en altijd bereid om nieuwe dingen te leren. Om deze redenen is het niet bijzonder moeilijk om dit ras te trainen. Zoals bij elke andere hond moet ervoor worden gezorgd dat hij regelmatig contact heeft met andere honden. Een goede socialisatie is uiterst belangrijk. Zodra hij in zijn nieuwe huis is ingetrokken, moet hij liefdevol worden geïntegreerd in de dagelijkse routine en worden voorgesteld aan de andere in huis levende dieren en de kinderen. Het is belangrijk voor zijn ontwikkeling dat hij vooral goede ervaringen heeft. De tijd die u met uw nieuwe huisdier doorbrengt, zal zich later uitbetalen.

Puppy's hebben allerlei gebaren om op te vallen - niet alleen - bij hun soortgenoten. Zij zijn niet alleen goed in gebaren en lichaamstaal, maar ook in gelaatsuitdrukkingen, die zij gebruiken om met andere honden te communiceren. Zo laten ze zien dat ze honger hebben, bang zijn of om genegenheid vragen.

Als de nog kleine hond star in één richting kijkt en de pupillen vernauwd zijn, is dit een dreigend gebaar. In de hondenwereld spreekt men ook wel van het zogenaamde "boze oog". Dit betekent dat de hond er niet "schoon" uitziet en hij zou kunnen bijten zonder waarschuwing.

De pup bouwt zichzelf speciaal op: Als de puppy zich bijzonder dapper voelt of agressieve kantjes vertoont, zal hij zich groot gaan maken. Oren en staart worden dan opgezet. Hij zal waarschijnlijk zijn borst uitsteken en de haren in zijn nek en rug overeind zetten. Hij kan ook zachtjes met zijn staart kwispelen als hij gromt - een teken van onzekerheid.

De puppy maakt zich heel klein: Als een hond onderdanig is, maakt hij zich zo klein mogelijk om als een puppy over te komen. Hij hoopt dat zijn tegenhanger hem met rust zal laten, want volwassen honden, bijvoorbeeld, zullen puppy's berispen maar nooit aanvallen en bijten. Als puppies onderdanig zijn, krullen ze zich meestal zijwaarts op de grond, houden hun staart heel plat en kwispelen er aarzelend mee. Soms zullen ze proberen het gezicht van de superieure hond of verzorger te likken. In extremere situaties gaan ze helemaal op hun rug liggen, waardoor hun keel bloot komt te liggen.

Puppy maakt zichzelf erg klein.

Kwispelen met de staart wordt vaak geïnterpreteerd als een teken van aardigheid en vreugde. Maar overdreven kwispelen is vaak waargenomen bij onderdanige honden. Kwispelen kan dus ook verschillende betekenissen hebben:

Als de hond langzaam kwispelt en de staart is relatief stijf, is de hond boos. Als de staart tussen de achterpoten is geklemd, is dat een teken van angst. Onrustige of nerveuze honden houden soms hun staart omlaag en kwispelen er slechts suggestief mee.

Hoe honden hun staart dragen varieert van ras tot ras. In het algemeen kan worden gesteld dat een staart die een hoek van meer dan 45 graden maakt ten opzichte van de rug, staat voor alertheid en belangstelling.

Het gezicht en de gezichtsuitdrukkingen van een puppy kunnen veel onthullen over zijn huidige gemoedstoestand. Is de puppy bang? Is hij opgewonden? Wil hij spelen? Deze en andere emoties kunnen worden herkend en opgevolgd door de gezichtsuitdrukkingen. Als de oren naar voren zijn gericht, betekent dit dat de puppy alert is en luistert. Als, aan de andere kant, de oren plat tegen het hoofd staan, kan dit zowel vreugde uitdrukken als op angst wijzen. Om de stemming juist te "lezen", moet je letten op andere tekens en ze in een gemeenschappelijke context plaatsen.

Als u opmerkt dat de ogen slechts lichtjes gesloten zijn, is dit gewoonlijk een teken van vreugde of aanvaarding dat u de "roedelleider" bent. Maar als de ogen wijd open zijn, is de pup alert en op "alert". De natuur heeft het zo geregeld dat honden, wanneer zij elkaar ontmoeten en de onderlinge hiërarchie regelen, elkaar in de ogen kijken totdat de zwakkere toegeeft en zich terugtrekt. Hondenexperts adviseren ook dit soort gedrag bij puppytraining: kijk de puppy in een onrustige situatie aan totdat hij zich losmaakt van de blik en zich terugtrekt.

DE OPHAALGIDS

Maar ook hier is het belangrijk dat je het niet met druk en snelheid probeert te doen. Elke hond heeft tijd nodig. Vooral wanneer uw viervoeter nog heel jong is, kan hij vaak andere dingen aan zijn hoofd hebben. Mettertijd zal het beter gaan en zult u de eerste successen kunnen zien.

Stap 1: het juiste object

Het is belangrijk dat uw hond iets moet apporteren dat hij ook gemakkelijk kan dragen. Zware stokken zijn dus niet geschikt. Misschien wil hij het niet eens proberen. Voedsel dummies, aan de andere kant, zijn beter.

Er zijn speeltjes in elke dierenwinkel die eruit zien als een hond of een bot. De selectie is groot. Deze dummy's zijn echter gemakkelijk mee te nemen en zijn vooral geliefd bij kleine honden. Het is echter belangrijk dat het speelgoed niet te zacht is. Het speelinstinct is nog steeds erg sterk en vooral kleine honden hebben de neiging alles te bijten wat ze vinden. Ook bestaat het gevaar dat men onderdelen inslikt die grote schade kunnen aanrichten.

Kies verstandig. Het moet dus niet te zwaar en groot zijn, maar ook niet te zacht.

Stap 2: Aan de lijn

Dit klinkt misschien absurd, maar het zal de belangstelling van uw hond voor de prooi alleen maar doen toenemen. Doe een riem om je hond en maak het voorwerp nog interessanter. Hij zal weten dat hij het niet onmiddellijk zal krijgen en de geur zal krijgen. Nu is het aan u om met de dummy af te rekenen in het bijzijn van uw hond. Hoe je dit doet is aan jou. Het enige belangrijke is dat je de interesse wekt en dat je hond maar één gedachte heeft: Ik wil het!

Stap 3: Begin te rennen (ondanks de leiband)

Denk je dat je hond de dummy in zijn vizier heeft? Dan is het tijd om hem er ook achteraan te laten gaan.

Gooi het zo ver als u kunt en vraag uw hond het te apporteren met een korte "Breng". Korte commando's zijn hier belangrijk. Gebruik geen lange zinnen, want dat zal hij niet opmerken.

Zorg ervoor dat u de riem niet te strak aantrekt, want hij moet hoe dan ook nog om de nek van de hond zitten. Wanneer uw viervoeter het voorwerp in zijn bek heeft, kunt u hem al prijzen. Dit is al de eerste stap en hij heeft het heel goed gedaan. Maar nu moet hij terugkomen naar jou. Verleid hem. Hoe u dit doet, hangt af van uw verbeelding en vaardigheid.

Als hij bij je terugkomt, moet het nu even "uit". Laat hem zien dat hij de dummy moet laten vallen. Als hij dat gedaan heeft, heeft hij de eerste keer al succesvol teruggehaald.

Stap 4: Commando's zonder leiband

Nu is het tijd om de riem van hem af te halen en op commando's te vertrouwen. Met een "zit" moet uw Goldie nu naast u plaatsnemen. Loop nu een paar stappen weg, beetje bij beetje, tot er ongeveer vijf meter tussen jullie twee is.

De dummy rust in je hand, maar met de genoemde afstand leg je hem op de grond voor je. Blijf in een gehurkte positie en roep naar je viervoeter. Als alles goed gaat, en dat moet, komt hij naar je toe, pakt de dummy en geeft hem aan je terug. Hij heeft nu al geleerd dat jij de enige bent die deze beloning voor hem vasthoudt. U zult verbaasd zijn hoe snel uw hond het kan leren - gewoon door een beetje doorzettingsvermogen en, natuurlijk, een dummy die echt interessant en leuk is.

Stap 5: Grotere afstand

Als dit lukt, heb je nog meer afstand nodig. Ga verder en verder weg van je hond. Probeer één meter aan het begin en ga op dezelfde manier te werk als zojuist beschreven.

Het zal nog steeds geen probleem zijn en uw Goldie zal alleen u en de dummy zien. Dat is zijn prooi en het doel is duidelijk.

Stap 6: Breng het hier

Nu is het tijd voor nog een verlenging. Leg de dummy op de grond een eindje bij uw hond vandaan, loop een eindje weg en roep hem met een "breng". Als alles goed gaat, zal hij opstaan en precies weten wat hij moet doen. Hij komt naar je toe vanuit een zittende positie en legt de dummy in je hand of op de grond. Beide zijn een succes en verdienen veel lof.

Stap 7: Het zoeken

Nu mag je Goldie ook zoeken. Breng hem in een positie die je voor hem hebt gekozen. Dan kan hij je goed in de gaten houden en observeren. In het beste geval, verdwijn je in het naburige bos en zet je de dummy daar neer. Uw hond ziet u niet. Hij weet alleen in welke richting je bent gegaan.

Als je een plaats hebt gevonden, ga je terug en zeg je gewoon "Zoeken". Je hond zal wegrennen en beginnen zoeken. Dit kan een beetje moeilijk zijn de eerste keer. Begeleid hem rustig en help. Later zal dit niet meer nodig zijn.

Apporteren versterkt niet alleen de band tussen u en uw hond, maar helpt hem ook om commando's te begrijpen, wat op zijn beurt heel belangrijk kan zijn op andere gebieden. Het is niet moeilijk om uw Goldie aan het apporteren en zoeken van voorwerpen te laten wennen, maar het vergt natuurlijk wel wat geduld en geen uitbrander als de interesses voorheen elders lagen. Alles komt goed met de tijd!

DE EERSTE COMMANDO'S - "ZIT!", "AF!", "AF!"

U moet met de eerste oefeningen beginnen zodra uw puppy bij u is komen wonen. Eigenlijk gaat dat vanzelf, want de kleine gaat meteen op ontdekkingstocht en zal hier veel dingen tegenkomen waarvan je tegen jezelf zegt: "Hmmm... hier moet hij echt niet heen". De eerste "nee" zal van jou komen en je zal de puppy hier weghalen. Het zal waarschijnlijk de bank zijn, die uw nieuwe metgezel heeft uitgekozen als een uitstekende plaats om te slapen, maar u wilt niet dat hij hier zit. Dus zal het ene of het andere bevel sneller komen dan je denkt.

Maar gerichte training van deze eerste commando's is ook belangrijk, zodat de pup manieren leert en u in staat bent hem op een gegeven moment veilig af te roepen. Bovendien zal de band tussen u beiden aanzienlijk worden versterkt omdat u elke dag tijd met de kleine doorbrengt, hem prijst en hem aandacht geeft. Hoe eerder u begint, hoe gemakkelijker het zal zijn voor u en uw hond. Een jong dier leert snel en zo kan het zich ontwikkelen tot een goed gesocialiseerde en vriendelijke hond.

Wat je zeker mee moet brengen is veel geduld en een delicate touch. Zeker zal niet alles meteen lukken, hier moet je je doorzettingsvermogen bewijzen. Herhaal de oefening steeds tot hij perfect past. Indien nodig, moet u ook af en toe een versnelling terugschakelen.

Om het je nieuwe huisgenoot gemakkelijker te maken te leren, moet je een vaste structuur en een bepaalde routine in de dagelijkse routine aanbrengen. Vaste tijden voor eten, wandelen, spelen en training zijn zeer nuttig.

Lof, aaien, lieve woordjes en veel traktaties moeten ook in uw bagage zitten. Bij elk positief gedrag van uw puppy, moet u niet zuinig met hem zijn. Dit zal de kleine altijd motiveren om mee te werken. Beloon hem onmiddellijk, zodat hij een verband kan leggen tussen het gedrag dat hij zojuist heeft vertoond en de beloning. Anders weet hij niet waarvoor hij de traktatie kreeg en kan hij het associëren met een andere actie.

Daar staat tegenover dat u uw puppy nooit mag straffen als hij verkeerd reageert - zeker niet met geweld. Nogmaals, u wakkert alleen angstig en geïntimideerd gedrag aan. Agressiviteit die zich later ontwikkelt, kan niet worden uitgesloten en niemand wil een bijtende hond in zijn omgeving.

De opleiding moet met een positief resultaat eindigen. Stop niet tot uw hond het gewenste gedrag vertoond heeft - tenzij u voelt dat hij overweldigd is. Herhaal dan een vorige oefening en beëindig dan de training.

U zult zeker vaste regels hebben waaraan uw hondje zich moet houden. Je moet hier consequent zijn. Het mag niet gebeuren dat de pup vandaag niet op de bank mag maar morgen wel. Hij zal zulk gedrag niet begrijpen en hij zou snel stoppen naar je te luisteren. De gezinsleden van uw huis moeten zich ook aan deze regels houden, anders zal uw gezag snel worden ondermijnd.

U moet uw hond op een ferme toon toespreken als u hem iets wilt leren. Gebruik korte commando's die duidelijk verstaanbaar zijn, dus niet filosoferen tegen het dier. Schreeuw nooit tegen je hond. Hierdoor zal hij alleen maar geïntimideerd en angstig worden.

Een goede socialisatie is uiterst belangrijk, zodat uw kleine vriend zich in elke dagelijkse situatie kan redden. Na de acclimatisatieperiode moet u hem dus confronteren met vreemde mensen, met motorvoertuigen van welke aard ook en met andere dieren. Niet allemaal tegelijk, natuurlijk, maar beetje bij beetje. Op die manier leert hij op een vriendelijke manier met andere levende wezens om te gaan en zal hij op volwassen leeftijd geen problemen hebben.

Maar hoe leer je de kleine puppy om te zitten of te gaan liggen op jouw commando? Lees verder en je zult het te weten komen.

Voor het commando "Zit!", ga je als volgt te werk:

Je neemt een traktatie in je hand en laat het aan je puppy zien. Nu wil hij natuurlijk dit lekkere voorwerp in je hand. Hou het boven zijn hoofd, zodat hij omhoog moet kijken. Hij zal waarschijnlijk gaan zitten op dit moment, zodat hij een beter zicht heeft op de traktatie en er bij kan. Prijs hem overvloedig en geef hem de traktatie. Herhaal deze oefening nu verschillende keren en voeg het commando "Zit!" toe. Het zal zeker niet lang duren voordat uw puppy het verband tussen het commando en de traktatie begrijpt en dus gaat zitten wanneer u hem dat zegt. Natuurlijk voert hij het bevel alleen uit omdat hij weet dat hij dan iets lekkers krijgt.

Voor het commando "Zit!" neemt u ook een traktatie in uw hand en toont die aan uw puppy. Breng je hand naar de grond. Om de traktatie te bereiken, zal uw hond waarschijnlijk gaan liggen. Op dit precieze moment, prijs hem en geef hem de traktatie. De volgende keer dat je het probeert, gebruik je je commando en herhaal je de oefening een paar keer. Spoedig zal de kleine gaan liggen op jouw commando. Beloon hem met de traktatie.

Een heel belangrijk commando is "Kom!" of "Hier!". Hiermee roept u uw hond terug uit alle mogelijke en onmogelijke situaties. Dit commando kan ook levensreddend voor hem zijn, bijvoorbeeld als hij te dicht bij een drukke weg komt.

Voor de eerste poging is het raadzaam een tweede persoon te laten helpen. Deze helper hurkt neer naast uw zittende hond. Je gaat nu zelf op je hurken zitten, een paar stappen verder. Noem nu je viervoeter bij naam en voeg het juiste commando toe.

Spreek één optie af: ofwel "Kom!" ofwel "Hier!", gebruik nooit één commando één keer en de andere keer het andere. Uw hond zou dit niet begrijpen en niet dienovereenkomstig reageren.

Terwijl u uw hond roept, spreidt u uw armen en maakt u oogcontact met hem. Met dit gebaar en uw bijbehorende gezichtsuitdrukking, geeft u uw puppy het signaal dat u blij bent als hij naar u toe komt. Houd ook een traktatie of je favoriete speeltje voor hem klaar. De kleine zal nu wel blij naar je toe rennen. Prijs hem en geef hem het speeltje of de traktatie.

U zult deze oefening verschillende keren moeten herhalen totdat uw puppy de betekenis van uw commando begrijpt. Na verloop van tijd zult u echter de afstand tussen u beiden moeten vergroten, u wilt hem immers van een afstand kunnen oproepen. Probeer hem ook op tijd te bellen als je uit het zicht bent. Vergeet nooit de beloning, want dat is de enige reden waarom uw viervoeter naar u toe zal komen.

Er zullen situaties zijn waarin u uw hond "Nee!" of "Af!" moet bevelen. Dit commando moet ook zitten en ook hier, natuurlijk, gebruik je er maar een van, beslis jij maar. In tegenstelling tot de andere commando's, is er hier natuurlijk geen traktatie of andere beloning. Uw puppy mag niet beloond worden voor verkeerd gedrag. Maar straffen is ook niet gepast, natuurlijk. Er is een heel eenvoudige oplossing: een bel. Telkens wanneer uw viervoeter een ongewenst gedrag vertoont en een ongewenste actie uitvoert, laat u deze bel klinken en voegt u het commando toe dat u hebt gekozen. De bel moet de hond duidelijk maken dat hier geen beloning te verwachten is.

Wanneer uw hond de betekenis van de bel heeft geleerd, voegt u het commando "Zit!" of "Af!" toe. Als hij gehoorzaamt aan je wens, beloon hem dan met een traktatie. Dit is om teleurstelling jegens u te voorkomen. Op deze manier leert de hond het commando "Af!" maar blijft u vertrouwen en blijft uw vriend.

Dit zouden de eerste trainingssessies zijn die de eerste weken met uw nieuwe huisgenoot zullen vullen. Er zullen nog veel meer commando's volgen. Overhaast de dingen echter niet, maar oefen één ding tegelijk. Anders wordt het hondje te snel overweldigd en zal het helemaal niets kunnen leren.

De eerste commando's die uw kleine vriend moet leren zijn "zit", "neer", "blijf", "kom" en "af". Maar doe ze alsjeblieft niet allemaal tegelijk, dat gaat fout. Begin met één commando en pas als dat onder de knie is, oefent u het tweede. Kies het juiste moment om te oefenen. Als je baby moe of lusteloos is, heeft het geen zin. Oefen meerdere keren per dag, maar slechts voor een korte tijd. Anders overbelast je de kleine hond. Wen aan een kalme toon en straf uw hond nooit.

Werk met beloningen wanneer er een correcte uitvoering is van je commando. Dit blijft vormend en uw hond leert. Negeer het als hij niet juist heeft gehandeld en herhaal de oefening zonder commentaar. Je hebt niet veel tijd om te belonen of te negeren. U moet dit onmiddellijk doen na de actie van uw hond. Geef het lekkers dus onmiddellijk als het commando is uitgevoerd en onderbreek het spel, bijvoorbeeld als uw viervoeter te wild wordt of zelfs bijt. Stop altijd als je oefening met succes bekroond is. Leren is veel leuker op deze manier en wat geleerd is zal onthouden worden.

Gebruik nooit de naam van uw puppy als een commando. Veel hondeneigenaren doen dit verkeerd. Vaak wordt de naam gebruikt om de hond te zeggen, "Kom naar mij". Maar als je je hond bij zijn naam roept, is dat om zijn aandacht te krijgen. Als je de naam roept, kijkt je puppy je aan en nu kun je het commando zeggen dat je wilt. In het beste geval zal uw hond het dan vanzelf ook uitvoeren als hij het al geleerd heeft.

De ervaring heeft geleerd dat het niet gemakkelijk is om uw puppy te leren zitten wanneer u het commando geeft. Neem veel tijd en vooral geduld wanneer u uw puppy iets wilt leren. Wees ook zeer consequent, want het helpt uw hond niet als u het ene moment het ene doet en het volgende moment het andere.

Voor het commando "Zit", gaat u als volgt te werk: Lok uw puppy eerst naar u toe, liefst met een traktatie als hij nog niet goed op zijn naam reageert. Houd hem wat hoger zodat hij naar je opkijkt. Geef nu het commando "Zit". Zodat uw puppy de traktatie in de gaten kan houden, zal hij waarschijnlijk in een zittende positie gaan zitten. Prijs hem nu overvloedig en geef de traktatie. Als hij in plaats daarvan naar je toe wil springen, zeg je "Nee" en herhaal je de oefening.

Je leert hem het commando "Nee" "onderweg", want er zijn altijd, vooral in het begin, situaties die ongewenst zijn. Als u uw puppy in zo'n situatie betrapt, zeg dan "Nee" op een hardere toon om het gedrag te stoppen. Je houding op dat moment is ook zeer cruciaal. Leid uw puppy nu af van zijn oorspronkelijke bedoeling en beloon hem ook onmiddellijk als de afleiding gelukt is. Op deze manier leert de kleine viervoeter dat "nee" het einde betekent.

Het commando "Kom" is ook heel belangrijk, u moet uw hond immers in elke situatie gemakkelijk kunnen terugroepen. Als uw hond naar u kijkt, kniel dan en lok hem naar u toe. Gebruik het "Kom" commando om dit te doen. Prijs en beloon je vriend als hij daadwerkelijk naar je toe komt. Op die manier zal uw hond, als hij het commando gehoorzaamt, snel weten dat hij iets lekkers van u kan verwachten. Maar als hij in plaats daarvan wegloopt, ren dan niet achter hem aan. Dit zal eerder uitdraaien op een leuk spelletje achtervolgen voor uw puppy en u zult precies het tegenovergestelde bereiken.

Voor het commando "Zit", neem een traktatie in je gesloten hand. Dicht bij de vloer, beweeg het heen en weer voor de neus van uw hond en geef het commando "Zit". Als uw hond gaat liggen omdat hij de traktatie wil, prijs hem dan en geef hem de traktatie.

Het is bij alle oefeningen belangrijk dat je in kleine stapjes traint. Neem je tijd, wees kalm en wees consequent. Het kan ook nuttig zijn om naast verbale commando's ook passende handsignalen te gebruiken. Dan zal uw project zeker slagen.

Hoe oefen je "Zit

Laat je hond een traktatie zien terwijl je voor hem staat. Hou het boven zijn hoofd zodat hij het scherp moet optillen om het te bekijken. De meeste honden zitten voor comfort omdat het makkelijker is om de traktatie in de gaten te houden terwijl ze zitten. U kunt ook zachtjes op de achterkant drukken als uw hond niet gaat zitten.

Zorg ervoor dat uw hond niet in een plas of op gebroken glas hoeft te zitten. Hij vertrouwt je. Als het uitvoeren van het commando ongemakkelijk voor hem is, zal hij in het algemeen kijken waar hij in de toekomst moet gaan zitten.

Beloon de hond alleen als hij zit, d.w.z. als zijn achterwerk de grond raakt. Zodra uw hond het commando begrepen heeft, oefent u "Zit" met hem als hij naast u staat. Later zou hij het ook moeten doen als je het commando van een afstand geeft.

Visueel signaal "Zit

Dit is hoe de pup het commando "Zit!" leert:

- Jonge puppy's die nog geen ervaring hebben met leeroefeningen begrijpen de commando's "Zit" en "Af" heel snel.
- Voor "Zit" neem een traktatie tussen duim en middelvinger.
- Beweeg de hand met het lekkers omhoog langs zijn neus.
- Zodra de billen naar de grond bewegen, geef het commando "Zit!".
- Als de puppy gaat zitten en dan probeert op zijn achterpoten te gaan staan, moet dit gedrag worden gestopt met een scherpe "Nee".
- Als de pup is gaan zitten, wordt de beloning onmiddellijk gegeven.
- Wacht elke keer langer voordat je een traktatie geeft.
- Na een paar oefensessies, zeg het commando "Zit" zonder een traktatie, aangezien de puppy alleen op het handsignaal zou moeten reageren.

Plaats

Met dit commando trek je de hond nog nadrukkelijker uit het verkeer, want hij heeft langer nodig tot hij op zijn voeten staat van de positie die hij bij Platz moet innemen. Correct uitgevoerd, ligt hij op zijn buik met zijn voorpoten uitgestrekt.

Opmerking: Overschat de tijdvertraging niet. Als uw hond wil, is hij uit de voeten en rent in een flits. Je bouwt een mentale barrière, geen fysieke. Uw hond moet actief uw bevel negeren voordat hij vlucht. Dit voorkomt vaak dat hij ongecontroleerd wegloopt. Als je snel reageert, kun je hem meestal met een commando stoppen voordat hij schade aanricht of er iets met hem gebeurt.

U kunt met de training van het commando beginnen zodra de hond het commando "Zit" onder de knie heeft. Hij moet accepteren dat hij niet mag opstaan, dus moet zijn achterwerk op de grond blijven.

Neem een traktatie in uw hand en breng het naar beneden dicht bij de grond voor uw hond. Hou het in je hand. Je hond moet het kunnen ruiken. Door het herhalen van het commando "Zit", verbied je hem op te staan om de traktatie te krijgen.

Hij moet dus op de grond gaan liggen met zijn voorpoten gestrekt om de traktatie te bereiken zonder op te staan. Zeg "Af" zodra hij gaat liggen en beloon de hond.

Als hij "Zit" en "Af" onder de knie heeft, combineer de oefening dan met "Blijf". Met de laatste verbiedt u uw hond om u te volgen. Maar hij kan zelf beslissen of hij gaat staan, zitten of liggen. Met de combinatie van commando's bepaal je ook de houding waarin hij moet blijven.

Verhoog de moeilijkheidsgraad door voor de hond te springen, een bal te gooien of er omheen te lopen. Maar overdrijf het niet. Als uw hond wil opstaan, wijs hem dan opnieuw op "Zit", maar annuleer het commando na een paar seconden.

Dit is hoe de pup het commando "Zit!" leert:

- Zodra de hond zich op zijn plaats of deken heeft gevestigd, kunt u hem aaien terwijl u steeds opnieuw "Zit" zegt. Op deze manier associeert hij het woord "zit" met een positieve ervaring.
- Zodra u merkt dat de puppy moe is, lokt u hem naar zijn mand, bijvoorbeeld met een traktatie. Als hij in de mand gaat liggen, herhaalt u het woord "Zit".
- Als u deze oefening enige tijd hebt herhaald, is de volgende stap om te proberen de puppy naar zijn deken of mand te sturen door alleen maar het woord "zit" te zeggen. Als dit gebeurt zonder verdere problemen, dan is een grote pluim op zijn plaats.

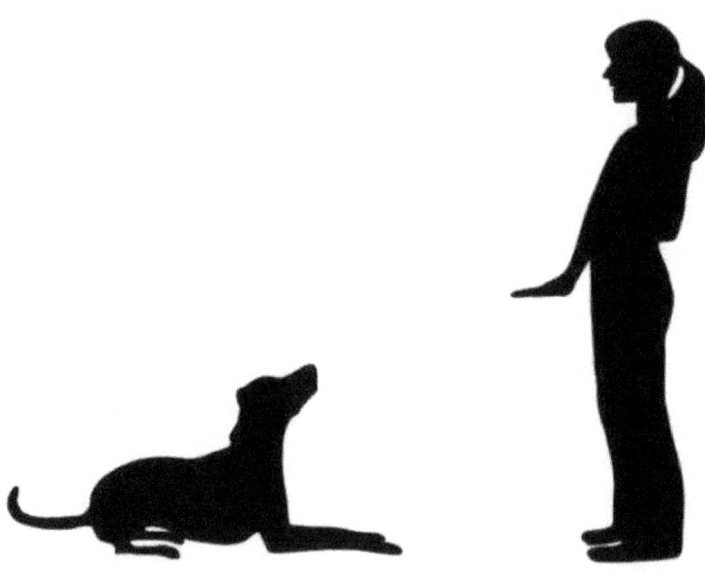

Visueel signaal "Plaats

Ophalen

Apporteren houdt ook in dat de hond zijn "prooi" overhandigt. Dit deel van de oefening is logisch. U hoeft immers niet altijd met een hard "af"-verbod te reageren wanneer uw hond iets in zijn vangst heeft dat u hem af wilt nemen. Probeer een ruil.

Geef de hond een traktatie en zeg "leg het neer". Uw hond is vrij om te beslissen of hij de traktatie neemt of niet. Als hij het wil nemen, zal hij moeten neerleggen wat hij in zijn mond heeft. Geef de hond de traktatie en reik onmiddellijk naar het ruilobject. In geen geval mag uw hond beide krijgen.

Visueel signaal "Uit

Indiscipline

De term "discipline" in hondentraining staat voor regels en grenzen die moeten worden gevolgd. Elk levend wezen in deze wereld is op de een of andere manier gedisciplineerd en volgt bepaalde wetten. Dit geldt ook voor uw hond. In uw leefomgeving moet hij zich houden aan regels die u, als roedelleider, hebt vastgesteld. Jij beslist wanneer je eet en wanneer je naar buiten gaat voor een wandeling. U bepaalt ook wanneer uw hond mag spelen, wanneer u met hem mag trainen en waar en wanneer hij kuilen mag graven. Er zijn geen mitsen, maren of mitsen... het wordt zo gedaan en niet anders. Nu moet je dit natuurlijk "uitleggen" aan je hond, zodat hij geen gebrek aan discipline toont tegenover wie dan ook. Dit is de enige manier waarop u uw hond attent kunt behandelen ten opzichte van zijn omgeving.

Maar wat te doen als uw trouwe viervoeter zich helemaal niet gedisciplineerd wil gedragen? Eerst en vooral, kijk naar jezelf. Ben je gedisciplineerd tegenover je hond? Accepteert hij jou als de roedelleider? Waarschijnlijk zijn deze punten niet van toepassing en moet je er aan werken. Kijk je viervoeter rechtop en energiek aan, want jij bent het alfadier en alle anderen moeten jou volgen. Wees consequent en sta geen uitzonderingen toe. Dit is de eerste stap om uw hond discipline bij te brengen.

Toch geldt ook voor het bijbrengen van discipline het volgende: werk altijd met positieve bekrachtiging (aaien, traktaties) en nooit met straf (slaan, schreeuwen tegen). Dus prijs je viervoeter als hij op zijn speeltje kauwt. Maar als hij je schoen vertrapt, roep dan een scherpe "nee" en verwijder de schoen. U moet uw hond nu een korte tijd negeren. Als hij nu zijn speeltje aanneemt om erop te kauwen, prijs hem dan uitbundig. Denk eraan dat schoenen taboe zijn en kom niet op het idee om de "arme" hond een versleten schoen aan te bieden om op te kauwen. Hij zal het verschil niet kunnen zien tussen een nieuwe, dure schoen en een oude, goedkope. Je zou hem enorm verwarren.

Discipline betekent ook dat u een vaste dagindeling moet maken. Bepaal wanneer u uw hond eten geeft, wanneer u met hem gaat wandelen en wanneer u met hem speelt of knuffelt. Een hond heeft ook een interne klok en weet snel wat gedaan moet worden en wanneer. Dit maakt het samenleven met uw trouwe viervoeter veel gemakkelijker.

Overmatig blaffen

Allereerst moet worden gezegd dat blaffen een natuurlijk gedrag van de hond is. Afgezien van zijn lichaamstaal communiceert hij met zijn soortgenoten door te blaffen. Afhankelijk van het ras kan veelvuldig blaffen normaal zijn, terwijl andere rassen nauwelijks een kik geven. Maar permanent blaffen zit niet in de aard van een hond. Dergelijk gedrag kan verschillende oorzaken hebben, maar ze hebben allemaal een zeer onaangenaam effect op het dagelijks leven. Als uw hond ongepast veel en hard blaft, kan dat problemen veroorzaken in de buurt. Zelfs op de hondenren ben je niet meer welkom met je viervoeter, want wie wil er nu een blaffer naast je hebben?

Het eerste wat u moet doen is uitzoeken waarom uw hond zo blaft. Waarom moet hij de aandacht trekken van degenen om hem heen? Blaft hij bijvoorbeeld uitzonderlijk hard als de deurbel gaat, of misschien als hij vogels of katten in de tuin ziet? Voorbijgangers kunnen dit geblaf ook uitlokken, bijvoorbeeld als u aan het wandelen bent. Of misschien blaft uw hond gewoon uit verveling als hij alleen thuis is, of omdat hij uw aandacht opeist.

Als je de oorzaak hebt gevonden, kun je eraan werken. Als uw hond blaft als de deurbel gaat of als er mensen op uw terrein zijn, wordt dit "alarmblaffen" genoemd. Dit is zijn manier om je te vertellen wat hij heeft opgemerkt. Toch mag er hier niet overmatig geblaft worden. Je moet proberen hem af te leiden. Stuur hem bijvoorbeeld naar zijn plaats met zijn favoriete speeltje. Als uw hond gehoorzaamt en op het speeltje kauwt in plaats van te blaffen, beloon hem dan met een traktatie. Oefen deze procedure nu elke keer als uw hond begint te blaffen.

U kunt ook proberen uw viervoeter te desensibiliseren voor de geluiden die het blaffen veroorzaken. Dit wordt ook wel tegenconditionering genoemd. Om dit te doen, moet u de geluiden opnemen en ze vervolgens aan uw viervoeter laten horen. Doe dit in het begin rustig en verhoog het volume in de loop van de tijd. Zorg ervoor dat de oorspronkelijke geluiden niet voorkomen gedurende de tijd dat u oefent, zodat uw hond niet onrustig wordt. Denk altijd aan de beloning wanneer uw viervoeter reageert zoals u zou willen. Na verloop van tijd zal hij gewend raken aan de geluiden en niet meer zo erg blaffen, maar rustig en ontspannen blijven.

Wanneer u blaft naar katten, vogels of andere dieren op uw terrein, zal alleen een betrouwbare terugroepactie helpen. U moet uw hond dit toch al vroeg leren, zodat u hem uit risicovolle situaties kunt roepen. Nogmaals, werk met beloningen in de vorm van traktaties. Op deze manier leert uw hond dat het de moeite waard is om naar u toe te komen als u hem roept. Hij kan immers altijd hopen op een lekkere traktatie en zijn aandacht zal op jou gericht zijn in plaats van op de vogels en katten.

Als uw viervoeter graag de vensterbank belaagt en blaft naar voorbijgangers, weiger hem dan deze plek om te gaan liggen. Bied hem in plaats daarvan een alternatieve plaats aan en laat hem bijvoorbeeld met zijn favoriete speeltje spelen. Of geef hem een kauwbot om hem bezig te houden. In de tuin, gebruik het terugroepen opnieuw. Laat uw huisdier niet alleen in de tuin tot het gewend is aan het blaffen, zodat u het gedrag altijd kunt observeren en zo nodig kunt ingrijpen.

Als uw hond blaft als u het huis verlaat en hem alleen moet laten, lijdt hij aan verlatingsangst. Honden zijn zeer sociale dieren en leven graag in een roedel, in uw geval in het gezin. Als hij alleen is, voelt hij zich ongemakkelijk en mist hij je. Laat uw viervoeter met korte tussenpozen alleen in de flat. In het begin mag u alleen de kamer verlaten waar uw hond is en observeren hoe hij zich gedraagt. Laat de periodes van alleen zijn langer en langer worden. Uw hond moet leren dat hij u kan vertrouwen en dat u terug zult komen. Om hem af te leiden, kun je, bijvoorbeeld, de radio aan laten staan. Dit geeft hem iets om op te focussen terwijl je weg bent. Misschien helpt een voerbal of kauwbot ook om uw viervoeter bezig te houden. In ieder geval moet u ervoor zorgen dat hij al een beetje druk en moe is als u weg moet. Uw hond zal waarschijnlijk zijn plaats innemen en slapen tijdens uw afwezigheid. Dus neem hem mee voor een wandeling of speel met hem op voorhand. Als het tijd is om te vertrekken, maak er dan geen drama van, d.w.z. neem niet uitbundig afscheid of iets dergelijks. Je moet het thuiskomen ook niet dramatiseren. Voor uw viervoeter moet het volkomen natuurlijk en oké zijn dat u het huis verlaat, maar ook dat u terugkomt. Bovendien moet u uw "wegga-routine" altijd aanpassen, zodat uw hond niet van tevoren angstig reageert omdat hij vermoedt dat hij binnenkort alleen zal zijn. Als u deze kleine adviezen ter harte neemt, zal uw hond zich niet ongemakkelijk voelen wanneer hij alleen thuis wordt gelaten.

Uw aandacht trekken met blaffen kan een andere reden zijn waarom uw viervoeter onophoudelijk mekkert. Het enige wat hier helpt is om hem te negeren. Als je op een of andere manier reageert op dit geblaf, denkt je hond dat hij alles goed doet. Hij wil je aandacht en die zal hij krijgen. Wacht een tijdje om te zien of uw hond vanzelf stopt met blaffen. Als hij dat doet, beloon hem dan uitgebreid met uw aandacht of met een traktatie. Zo niet, geef hem dan het commando om op zijn plaats te gaan zitten of liggen. Als hij gekalmeerd is en gestopt met blaffen, beloon hem dan.

Maar misschien heeft uw viervoeter te weinig "te doen". Dan gaat hij zich heel snel vervelen en dat kan zich ontwikkelen tot vervelend blaffen. Hij moet zich met iets bezighouden en als er niets anders is, zal hij luid blaffen. Het enige dat hier helpt is extra activiteit. Ga vaker wandelen, train uw hond meerdere keren per dag met kleine kunstjes of speel uitgebreid met uw metgezel. Je zult sneller succes hebben dan je denkt.

Als u aan het wandelen bent, blaft uw hond dan onophoudelijk naar andere honden? Dit kan twee oorzaken hebben - ofwel omdat uw hond niet bij de andere hond kan komen omdat hij is aangelijnd, ofwel omdat hij zich ongemakkelijk voelt en bang is voor de andere hond. In dergelijke gevallen moet u professionele hulp zoeken bij een goede hondenschool. De trainers zijn goed voorbereid op deze problemen en kunnen helpen, zodat uw hond weer rustig en sereen reageert wanneer u beiden andere soortgenoten ontmoet.

Als alle hier voorgestelde tips niet echt helpen, begin dan in geen geval uw hond te straffen om hem te laten stoppen met blaffen. Dit zal niet werken. Hij blaft misschien minder, maar reageert zijn frustratie op andere dingen af. Het probleem zou niet worden opgelost, maar slechts uitgesteld. Zoek ook in dit geval hulp bij een hondenschool in de buurt.

Angst om te rijden

U zult er zeker niet aan ontkomen uw hond ooit in de auto te moeten vervoeren. Hopelijk behoort uw viervoeter tot degenen die graag met de auto reizen, want dan kunt u zich ontspannen verheugen op elke autorit.

Als het tegendeel het geval is, hoeft u echter niet te wanhopen, er zijn veel manieren om de angst van uw hond weg te nemen. Hoe u dit het beste kunt doen, leest u in dit hoofdstuk.

Natuurlijk zou het goed zijn te weten waar uw hond bang voor is als hij in de auto zit. Heeft hij misschien een slechte ervaring gehad in het verleden? Is hij voor het eerst naar de dierenarts geweest? Hij zou dat ermee kunnen associëren en negatief wijzen op het rijden. Of misschien houdt uw hond gewoon niet van het geluid van de motor of voelt hij zich ongemakkelijk bij het rijden. Het is ook mogelijk dat hij een auto associeert met pijn omdat hij ooit per ongeluk met zijn staart of poot tussen de deur is gekomen. Het is zeker niet altijd gemakkelijk te begrijpen waarom uw hond bang is voor de auto.

Toch kunt u uw huisdier duidelijk maken dat uw auto geen gevaar voor hem is. Maar benader het rustig en verstandig, elke kleine vooruitgang telt. Het eerste wat je zou kunnen doen is hem de auto laten zien. Laat de hond aan de stilstaande auto snuffelen, er langs lopen en ja... een reu kan nu ook zijn pootje op de band zetten. Daar moet je nu mee leven. Als uw viervoeter geen angst toont, prijs hem dan uitbundig. Herhaal deze oefening een paar keer voordat u verder gaat met de volgende stap.

Dit kan er als volgt uitzien: Laat een helper de motor starten en leid dan uw hond naar het voertuig. Straal kalmte en kalmte uit; dit zal ook op uw hond worden overgebracht. Nu kan hij de enge "blikken doos" van buiten inspecteren en wennen aan het geluid van de draaiende motor. Spoedig, met uw hulp, zal hij beseffen dat hem niets kan overkomen. Het kan een aantal pogingen kosten voordat uw viervoeter de auto durft te naderen. Als hij niet dichterbij wil komen, dwing hem dan niet, maar ga weg en houd u elders met hem bezig. Probeer echter met redelijke tussenpozen de auto met draaiende motor te benaderen met uw hond.

Uiteindelijk zal hij zijn angst overwinnen en nieuwsgierig worden. In dit geval, vergeet hem niet uitgebreid te belonen.

Als u denkt dat uw viervoeter nu misschien genoeg gesetteld is om aan de volgende oefening met de auto te beginnen, probeer dan het volgende: Organiseer een traktatie-zoekspel rond het voertuig. Laat hem toekijken hoe je het lekkers naast, voor, achter en in de auto gooit. In de kofferbak kunt u een deken leggen die uw hond al gebruikt heeft, als kleine hulp. De vertrouwde geur zal het makkelijker voor hem maken om erin te springen. Laat hem nu de ene traktatie na de andere zoeken, vinden en oppeuzelen. Laat hem ook zien dat er nog lekkers op hem wacht in het voertuig. Misschien vindt hij het niet leuk om de eerste keer helemaal in de auto te stappen, dus geef hem de tijd en wees geduldig. Uw hond zal snel doorhebben dat het hoopje blik ongevaarlijk is en zal de knabbels graag loslaten.

Als het een paar keer achter elkaar goed heeft gewerkt en uw huisdier zonder angst in het voertuig stapt, is het tijd om de deuren te sluiten. Hiervoor heeft u een traktatie gekozen die uw huisdier enige tijd bezig zal houden, misschien een kauwbot dat hij lekker vindt. Als uw viervoeter nu ontspannen in de kofferbak ligt te kauwen, sluit u de deur. Maar doe onmiddellijk daarna de auto weer open om te zien hoe het met hem gaat. Als hij tekenen van angst vertoont, herhaalt u de vorige stappen voordat u de achterklep weer gaat sluiten. Nogmaals, uw hond zal u snel vertrouwen en begrijpen dat er geen gevaar is.

Als dit het geval is, houdt u de kofferbak gesloten en start u de motor. Houd uw hond altijd in het zicht, zodat u zijn reactie kunt zien en herkennen. Laat de auto de eerste keer slechts kort draaien en zet hem onmiddellijk weer uit. Als uw hond rustig blijft, verlengt u de periodes tot u klaar bent om de eerste meters te rijden. U moet deze trainingssessie in het begin ook heel kort houden en daarna steeds verlengen. Als uw hond kalm blijft, rijdt u gewoon een eindje met hem door, als hij angstig reageert, laat u hem parkeren en uitparkeren. Mettertijd zal de angst wegebben en misschien zal hij het leuk vinden om in de auto te zitten. Heb geduld en heel veel lekkers... dan wordt rijden al snel een plezier.

Koppigheid

Soms worden honden koppig genoemd omdat ze gewoon niet willen gehoorzamen. Dit is echter meestal een misverstand, want geen enkele hond is koppig of ongehoorzaam omdat hij zijn mens wil ergeren. Het kan zijn dat uw hond het commando gewoon nog niet kent of het niet correct kent en het hem daarom niet duidelijk is. Het is ook mogelijk dat uw trouwe viervoeter er op dit moment geen voordeel in ziet u te gehoorzamen, en ongehoorzaamheid hem daarom meer de moeite waard lijkt. Of het kunnen externe prikkels zijn die hem storen omdat hij nog niet geleerd heeft ermee om te gaan.

Als u de indruk hebt dat uw viervoeter koppig is, moet u de training veranderen, zodat het weer interessant wordt. Oefen in kleinere tijdsintervallen en begin zonder externe prikkels en afleidingen. Als uw hond de les geleerd heeft, verhoog dan de moeilijkheidsgraad door afleiding toe te voegen. Dit kunnen geluiden zijn die anders niet aanwezig zijn, of andere mensen die in de buurt zijn. Als een commando goed zit met de prikkels van buitenaf, oefen dan andere commando's op dezelfde manier. Op deze manier zal uw hond meer geconsolideerd raken en minder afgeleid worden.

Zoals altijd, is hier veel geduld van u nodig. Uw hond heeft een zeer lage frustratietolerantie. Dit betekent dat hij snel gefrustreerd raakt als een oefening te lang duurt of te moeilijk is. Concentratie is dan ver te zoeken en hij wordt moe en lusteloos. De situatie overweldigt uw viervoeter en hij wordt al snel als koppig bestempeld. Maar dat is niet het geval. Daarom is het beter om steeds korte oefenintervallen te houden dan urenlang te trainen.

Overweeg ook tot welk ras uw huisdier behoort. Er zijn verschillende hondenrassen die koppig worden genoemd, maar het niet zijn. Deze omvatten jachthonden en waakhonden. Dergelijke rassen zijn gefokt om zelf beslissingen te nemen en ook om de bevelen van je meester soms in twijfel te trekken. Deze honden zijn uiterst intelligent en zij volgen instinctief niet altijd hun mens, omdat zij op eigen houtje kunnen en moeten handelen zonder menselijke hulp. In dit geval moet u zichzelf weer interessanter maken voor uw hond, zodat hij aandacht aan u besteedt en naar u luistert. Houd altijd traktaties klaar die het de moeite waard maken voor uw hond om naar u toe te komen en uw commando te gehoorzamen.

Als u een zeer brave hond aan uw zijde hebt, zou het niet al te moeilijk moeten zijn om hem te motiveren met u samen te werken. Uw overredingskracht in de vorm van hondenleverworst & co. moet voldoende zijn om uw hond te doen inzien dat het altijd de moeite loont naar u te luisteren.

Als uw huisdier weinig belangstelling heeft voor traktaties, is het enige dat zal helpen voldoende activiteit. Misschien moet u ook een beetje werken aan de band met uw hond, want als er hier problemen zijn en de band tussen u beiden nog niet erg hecht is, zou het niet verwonderlijk zijn dat de gehoorzaamheid te wensen overlaat. Wederzijds vertrouwen is de basis en heel veel geduld is het kruid.

UITRUSTING VOOR DE HOND

Voordat je nieuwe vriend bij je kan intrekken, moet je nog wat accessoires voor hem regelen. Eerst en vooral heeft hij natuurlijk een slaapplaats nodig in de vorm van een hondenmand of een slaapkussen. Dan moet hij een voer- en drinkbak van de juiste grootte hebben. Een halsband, of nog beter een tuigje, is nodig en een leiband, zodat u veilig met uw hond kunt wandelen. Verschillende verzorgingsspullen zijn ook nuttig. Afhankelijk van de conditie van de vacht van uw hond, kunnen borstels, kammen of verzorgingshandschoenen nuttig zijn. Als u zelfverzekerd bent in het knippen van de klauwen van uw hond, hebt u ook een klauwschaar nodig. Dit zou de algemene uitrusting zijn die u zeker zult moeten aanschaffen.

Het wordt meer gedetailleerd wanneer u bepaalde accessoires en hulpmiddelen voor de training van uw hond wilt gebruiken. Hier kunnen verschillende riemen worden gebruikt. Het gebruik van een hondenfluitje of een clicker is ook zeer effectief gebleken. Maar pas op... er zijn ook veel hulpmiddelen op de markt die uiterst ongeschikt en contraproductief zijn voor een efficiënte hondentraining. Laat je hier niet misleiden. Alle hulpmiddelen die uw hond leed, pijn of ongemak bezorgen, moeten uit uw gedachten worden verbannen. Dit omvat in het bijzonder choke- of pronghalsbanden of diverse zogenaamde impulse-apparaten. Blijf met je handen van ze af!

Het is veel zinvoller om een goede halsband of borsttuig voor uw hond te kopen. Of het een of het ander wordt, hangt helemaal af van uw viervoeter. Een borsttuig is meer geschikt voor honden die bijvoorbeeld problemen hebben met ademhalen of een zeer sterke nek hebben. Viervoeters die hun hoofd gemakkelijk uit de halsband kunnen trekken, zijn ook beter af met een harnas. Bovendien moet u een tuigje gebruiken als uw hond niet goed aan de lijn loopt, d.w.z. niet aangelijnd is.

Als u van plan bent om met uw hond aan verschillende sporten deel te nemen, is een borsttuigje misschien ook geschikter dan een halsband. Werkhonden, zoals reddingshonden of speurhonden, moeten zelfs een harnas dragen. Hier moet dan in de vrije tijd een halsband, of ten minste een ander tuigje, worden gebruikt, zodat de hond duidelijk het verschil kan zien tussen werk en vrije tijd. In elk geval, of het nu gaat om een harnas of een halsband, moet de maat worden gekozen die bij de hond past. Hij mag niet te groot of te klein zijn en moet een goede vulling hebben, zodat er geen drukpunten kunnen ontstaan.

Tijdens de training van een jonge hond kan het gebruik van verschillende riemen nuttig zijn. Hoewel een eenvoudige leiband volstaat voor een normale wandeling, moet voor de training een andere leiband worden gebruikt. Een zogenaamde sleepriem heeft zich hier bewezen.

Een sleeplijn moet worden gebruikt als uw hond nog niet op betrouwbare wijze kan worden teruggehaald of als hij een te groot jachtinstinct ontwikkelt. Bovendien is het op veel plaatsen niet toegestaan om een hond zonder riem te laten lopen. De sleepriem zou dan in dit geval ook een goed alternatief zijn. Uw hond geniet van meer vrijheid en is nog steeds veilig aangelijnd en onder uw controle. Nu kunt u erachter komen hoe het precies wordt gebruikt.

In principe is het gewoon een extra lange leiband. U kunt ze kopen in verschillende lengtes van 3 meter tot 15 meter en gemaakt van verschillende materialen. Probeer uit welk materiaal het beste in uw handen past en zorg ervoor dat de riem geen lussen of metalen oogjes heeft. De lengte moet passen bij de grootte van uw hond. Hoe groter, sterker en krachtiger hij is, hoe korter de voorsprong moet zijn. Een borsttuig is vereist voor dit type riem, anders bestaat er een groot risico op letsel aan de nekwervels als uw viervoeter ongecontroleerd zou wegstormen.

Een sleeplijn dient als hulpmiddel tijdens de training van uw hond, maar is ook een belangrijke band tussen u beiden. Uw viervoeter moet zich altijd op u oriënteren en met u communiceren. Beloon hem altijd wanneer hij zich fatsoenlijk gedraagt, bijvoorbeeld wanneer hij oogcontact met u zoekt. Dit is niet vanzelfsprekend en moet altijd worden beloond. De riem helpt uw hond om zich niet te ver van u te verwijderen en om altijd op een veilige afstand te blijven. Gebruik het nooit als straf, bijvoorbeeld door er een ruk aan te geven, uw hond moet er altijd iets positiefs aan koppelen.

Bovendien voorkomt de sleeplijn ongewenst opjagen. Als uw viervoeter plotseling wegloopt omdat hij achter een konijn aan wil, kunt u dit voorkomen door de riem vast te houden of er stevig op te gaan staan. Op deze manier leert uw hond dat achtervolgen niet gewenst is en onmiddellijk zal worden gestopt. Het zal niet lukken en na een aantal mislukte pogingen zal hij niet meer geïnteresseerd zijn. Met de training met een dergelijke riem kan worden begonnen op een zeer jonge leeftijd van ongeveer vier tot vijf maanden, bij voorkeur voordat het jachtinstinct van de puppy begint.

Als u in een gebied woont waar er nauwelijks gelegenheid is om uw hond los te laten lopen, kan een sleeplijn uitkomst bieden. Uw hond moet echter eerst wennen aan zo'n riem, want die is zo anders dan een gewone hondenriem. Irritatie is niet uit te sluiten; misschien ziet uw viervoeter er een nieuw speeltje in en bijt hij in de riem. Heb in het begin geduld en probeer het thuis in de tuin uit om te zien hoe uw viervoeter reageert. Leiband hem aan en prijs en beloon hem als hij het niet erg vindt aan de leiband. In het begin is het niet gemakkelijk om veilig met deze lange leiband om te gaan wanneer u op stap bent, en u moet het eerst uitproberen en oefenen. Uw hond zal zeker verstrikt raken in de struiken of de riem om zijn eigen poten wikkelen. Natuurlijk kunt u uw hond helpen om uit deze situatie te komen, maar in de toekomst moet hij in staat zijn om dit op eigen kracht te doen.

Zodra uw hond gewend is aan de lijn, kan de training beginnen. In het begin moet u hem niet de hele lengte van de leiband geven, en de leiband mag niet naar de grond hangen. Wikkel het uiteinde van de leiband nooit om uw hand, dit kan tot ernstige verwondingen leiden. Maak in plaats daarvan een knoop aan het uiteinde van de riem om te voorkomen dat hij wegglijdt.

Als uw hond attent is en oogcontact met u zoekt, prijs hem dan. Als hij daarentegen sterk aan de lijn trekt, loop dan langzaam in een andere richting zonder aan de lijn te rukken, zodat hij ophoudt met dit wangedrag. Uw hond moet ook hond kunnen zijn en aan zijn omgeving kunnen snuffelen. Zorg er alleen voor dat hij je niet als een vlag achter zich aan trekt.

Het is zinvol om met uw Golden Retriever een commando te leren dat het einde van de leiband aangeeft. Dit zou misschien "stop", "halt" of "einde" kunnen zijn. Op deze manier leert uw viervoeter dat hij slechts een beperkte actieradius tot zijn beschikking heeft en niet aan de lijn zal trekken wanneer deze voorbij is. Als hij hier niet op reageert, verander dan van richting of sta gewoon stil totdat uw hond zich weer op u richt. Het zal zeker enige tijd duren, maar hij zal eraan wennen en dan zelf weten hoe ver hij kan gaan.

Een ander goed hulpmiddel bij hondentraining is de clicker. Je hebt deze term waarschijnlijk al eerder gehoord, maar wat is een clicker eigenlijk? Het is een klein apparaatje dat een klikkend geluid maakt als het wordt ingedrukt. Het is bedoeld als een positieve bekrachtiger die de hond onmiddellijk het signaal geeft: "Ik heb alles goed gedaan en ik sta op het punt er een beloning voor te krijgen". Dit motiveert uw hond om een gedrag te vertonen dat u wilt.

Maar eerst moet je leren hoe je het zelf moet gebruiken, want het is niet zo gemakkelijk om de clicker op precies het juiste moment te gebruiken. Je kunt het heel gemakkelijk oefenen. Vraag een helper om een bal op de grond te laten vallen. Op het moment dat de bal de grond raakt, gebruik je de clicker. Na een paar keer proberen moet je het juiste moment hebben gevonden.

Nu is het de beurt aan uw hond, ook hij moet leren te reageren op de clicker. Dit wordt in professionele kringen ook wel "klassieke conditionering" genoemd. Het geluid van de clicker wordt "secundaire bekrachtiging" genoemd, die de beloning in de vorm van een traktatie aangeeft, de "primaire bekrachtiging". Deze versterkingen zijn bedoeld om uw hond het gedrag te laten vertonen dat u hem vraagt te vertonen.

Maar nu moet uw viervoeter leren begrijpen wat het geluid van de clicker moet betekenen. Hij moet een verband leggen tussen de "klik" en de "traktatie". Neem hem mee naar een rustig hoekje van je tuin. Gebruik nu de clicker als bij toeval en houd een traktatie klaar, die u onmiddellijk aan uw viervoeter geeft. Herhaal dit verschillende keren na elkaar.

Voor de volgende poging, gebruik de clicker wanneer uw viervoeter bezig is, bijvoorbeeld wanneer hij door de tuin aan het zwerven is. Reageert hij op de clicker en werpt hij een verwachtingsvolle blik in jouw richting? Bravo, de conditionering heeft gewerkt en je kunt nu beginnen met de eigenlijke training. Gebruik de clicker echter alleen als u oefeningen met uw hond doet en niet alleen om zijn aandacht te trekken. Dan zal dit kleine hulpmiddel snel nutteloos worden.

HALSBAND OF BORSTTUIG?

Dit hoofdstuk behandelt de vaak gestelde vraag of u beter een halsband of een borsttuigje kunt gebruiken. Beide steunmaatregelen worden met elkaar vergeleken vanuit een neutraal standpunt. Verdiept u zich ook een beetje in dit onderwerp voordat u voor het een of het ander kiest, want een goede omgang met de hond tijdens het wandelen is erg belangrijk. Het is niet alleen van belang voor de veiligheid van andere honden en wandelaars die u onderweg tegenkomt, maar ook voor de veiligheid van uw hond. Honden begrijpen gewoon de ingewikkelde regels niet die in ons wegverkeer gelden. Daarom is het van groot belang dat uw dierenvriend veilig door u wordt geleid, ook aan de leiband, vooral in de stad en op drukke wegen.

Laten we beginnen met het klassieke hulpmiddel bij hondentraining, de halsband. De meest gehoorde kritiek op halsbanden is dat ze voor de hond erg oncomfortabel kunnen zijn om te dragen. Met een kraag van goede kwaliteit en een passende maat kan een dergelijk onaangenaam draaggevoel echter hoe dan ook worden vermeden. Als uw hond echter een sterke neiging heeft om aan de lijn te trekken, zal zelfs een perfect passende halsband niet helpen. In het geval van de chronisch trekkende hond kan de permanente druk op het strottenhoofd en de luchtpijp tot gezondheidsproblemen leiden. Ongeacht of u van plan bent een halsband te gebruiken of niet, moet u het lopen aan de lijn intensief met uw hond oefenen, want het is nooit goed als een hond de hele tijd aan de lijn trekt, zelfs niet voor de eigenaar.

Om een goed passende kraag te kiezen, hoeft u eigenlijk niet al te veel aandacht te besteden. De halsband mag niet te dun zijn, want dan wordt hij nauwer en veroorzaakt hij pijn. Als vuistregel geldt dat de halsband ten minste even breed moet zijn als de neus van de hond die hem draagt. U moet ook twee vingers onder de kraag kunnen schuiven als hij aan is, om er zeker van te zijn dat hij niet te strak zit. Hij mag echter ook niet te wijd zijn, anders bestaat het gevaar dat de hond zijn kop uit de halsband trekt en zich van de lijn bevrijdt. Overleg bij de aankoop van een hondenhalsband altijd met het gespecialiseerde personeel. Het is het beste de hond mee te nemen naar de winkel en de halsband direct te laten aanmeten. Als de hond om welke reden dan ook niet meekomt, moet u de verkoper informeren over het ras en de leeftijd van de hond.

Geschikte materialen voor hondenhalsbanden zijn leder, stof of een neopreen voering. Een kettingschakel is geen optie en zeker dierenmishandeling. Als u er een draagt, zal uw hond altijd pijn lijden door beklemming en vastzittend haar. Verkopers die u aanraden zo'n halsband te dragen, zijn niet serieus.

Tot zover de halsband, nu het borsttuig. Met een tuigje wordt de druk beter verdeeld, en daarom is het dragen van een goed passend tuigje meestal comfortabeler voor de hond dan het dragen van een halsband. Voor een goede pasvorm moet u ervoor zorgen dat de riemen niet onder de oksels van de hond glijden. Anders kan het harnas gaan schuren als de hond loopt. De grootste last zit op het harnas in het midden van de borst, dus dit gebied moet extra gevoerd zijn. Deze vulling voorkomt oncomfortabele druk op de borstkas van de hond. De bewegingsvrijheid van de schouders van de hond moet eveneens gewaarborgd zijn en mag niet door riemen worden belemmerd.

Nu weet u ongeveer waar u op moet letten bij het kopen van halsbanden en borsttuigjes. Uiteindelijk moet de keuze niet afhangen van de esthetiek van het desbetreffende hulpmiddel, maar van de behoeften en het gedrag van uw hond. Het is verstandig om beide te kopen en uw hond aan beide te laten wennen. Na verloop van tijd zul je merken waar hij zich prettiger bij voelt.

HET KIEZEN VAN DE JUISTE LEIBAND

Net als bij de vraag of u een halsband of een tuigje moet gebruiken, ligt de beslissing over een geschikte leiband uiteindelijk bij u. In dit hoofdstuk leert u welke soorten riemen er zijn en wat ze onderscheidt. Het kan geen kwaad om verschillende riemen uit te proberen en dan pas te beslissen welke riem voor u geschikt is. Let er bij de aankoop van een harnas op dat de schouderbladen vrij kunnen bewegen en dat niets de oksels schuurt. De borstpartij moet ruim opgevuld zijn. Koop het harnas onmiddellijk nadat de puppy zijn intrek heeft genomen, als u niet de gelegenheid hebt om de pasvorm van het onderdeel vooraf te controleren.

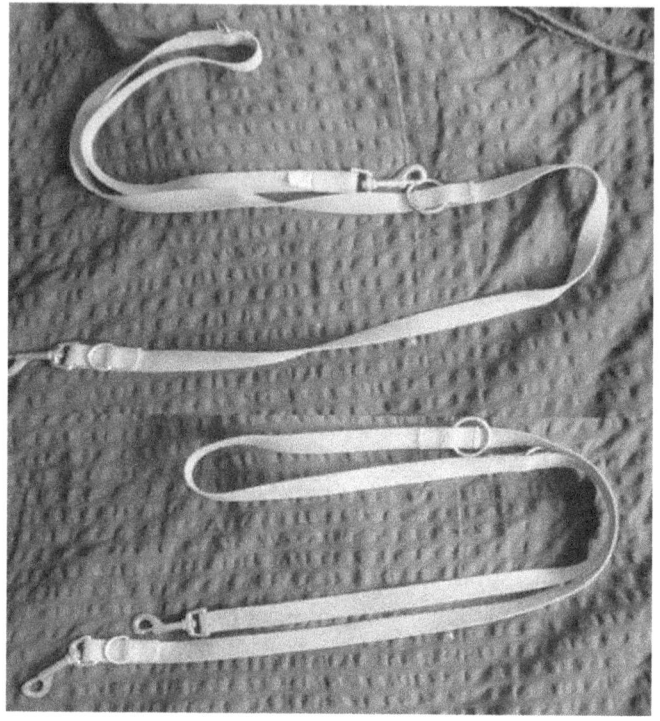

Onze leiband, ®

De "alledaagse leiband", ook wel leiderslijn genoemd, is de klassieke vorm van hondenleiband. Hij is ongeveer 1 à 2 meter lang en wordt gewoonlijk aan een halsband of harnas bevestigd. Deze riemen kunnen van leer of plastic zijn en verschillende diktes hebben. Elke hondenbezitter zou zo'n riem moeten bezitten, omdat het de beste manier is om de leibandvaardigheid van de hond te oefenen. De alledaagse riem geeft u een goede controle over de hond. Hoe groter de hond, hoe dikker en zwaarder de riem mag zijn. Een zware riem zal het uitlaten van een kleine hond bemoeilijken, dus koop alleen een dunne riem voor een kleine hond. Meestal vindt u informatie over het gewicht van de hond op de riemen die in de winkels verkrijgbaar zijn.

De "flexi line" is een zeer dunne lijn die op een spoel wordt gewikkeld in een behuizing met een handvat. Wanneer hij volledig is afgewikkeld, kan hij een lengte tot 10 meter hebben. Er is een knop op de behuizing waarmee u het afrollen kunt stoppen en ook de lijn weer in de behuizing kunt laten rollen. Het resultaat is dat de flexi leash altijd onder spanning staat. Het is niet zonder reden dat dit type leiband om deze reden wordt bekritiseerd. De hond leert dat hij aan de leiband moet trekken, omdat de leiband anders niet verder afrolt. Bovendien is deze riem totaal ongeschikt voor grotere honden, die een dienovereenkomstig grotere trekkracht hebben. Het vergrendelingsmechanisme kan slechts een kleine kracht tegenwerken. Bij een grote hond bestaat dus altijd het risico dat het mechanisme faalt, waardoor de hond of zijn omgeving in een gevaarlijke situatie terechtkomen. Bovendien heeft u als eigenaar nauwelijks controle over de hond.

De "retriever leiband" is een speciaal soort leiband waarvoor geen halsband of tuigje nodig is. Met de retriever leiband, is de halsband als het ware ingebouwd in de leiband. Aan elk uiteinde van de lijn zit een lus, meestal in grootte verstelbaar, één om de hond op zijn plaats te houden en één aan het andere uiteinde om de halsband om te doen. De lus van de halsband wordt losjes over het hoofd getrokken en zit daarom veel minder stevig dan een echte halsband. Zo gaan natuurlijk de voordelen van de halsband, zoals het feit dat de hond zich er niet gemakkelijk van kan bevrijden, verloren. Een retrieverriem is echter een goede keuze als uw hond heel goed loopt en niet snel in paniek raakt.

De "sleeplijn" wordt gebruikt voor de training van de hond buitenshuis. Het is minder geschikt voor gebruik tijdens een normale wandeling. Een sleeplijn is erg lang om de hond zoveel mogelijk bewegingsruimte te geven zonder dat hij ongecontroleerd kan ontsnappen. Zo kunt u buiten met uw hond oefenen en spelen zonder de hond of anderen in gevaar te brengen. Ook met de sleeplijn, hoe groter de hond, hoe dikker het moet zijn. U kunt ook kiezen voor een sleeplijn met of zonder handlus, afhankelijk van of u de lijn tijdens de training veel in uw hand wilt houden of liever voorkomt dat de hond wegloopt door een voet op het uiteinde van de lijn te plaatsen. Het voordeel van een riem zonder lus is dat hij niet onverwachts kan blijven haken.

De "huislijn" heeft in principe dezelfde functie als de sleeplijn, behalve dat hij binnenshuis wordt gebruikt. U kunt het gebruiken om oefeningen in huis te doen en bijvoorbeeld de hond naar zijn plaats te leiden wanneer hij geacht wordt daar te wachten. Dit is nuttig, bijvoorbeeld, wanneer u het begroeten van bezoekers oefent. Wanneer een hond in een huishouden woont, mag hij nooit de eerste zijn om bezoekers thuis te begroeten. In plaats daarvan moet hij leren op een bepaalde plaats te wachten totdat de bezoeker door een ander lid van het gezin is begroet en binnengelaten. Alleen dan mag de hond de bezoeker begroeten. Een huislijn is ook zeer praktisch bij de puppytraining, omdat u de huislijn kunt gebruiken om heel snel buiten te komen en zo de zindelijkmaking van de hond te bevorderen.

De zogenaamde "jogging leash" is een praktisch hulpmiddel voor sportliefhebbers. U knoopt hem eenvoudig om uw middel, lijnt de hond aan met de karabijnhaak en uw handen zijn vrij om te joggen. De ingebouwde schokdemper biedt extra comfort voor zowel hond als baas. Om een joggingriem te kunnen gebruiken, moet de hond al heel goed aan de lijn kunnen lopen en enthousiast zijn over dergelijke activiteiten.

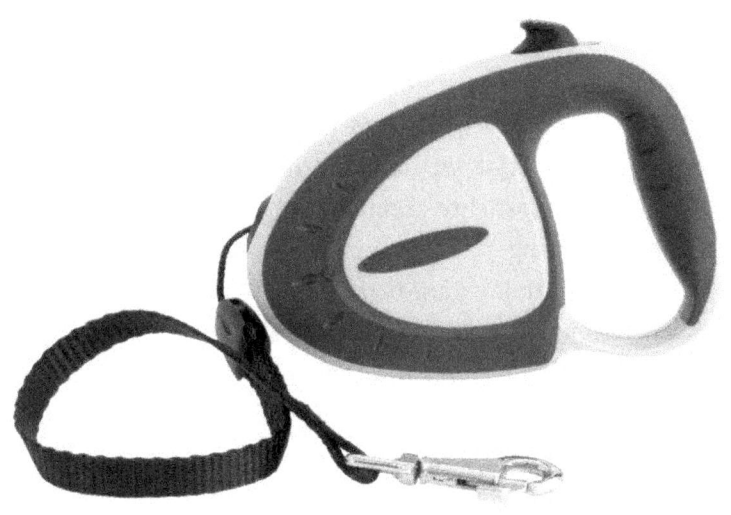

Zulke automatische lijnen doen het niet zo goed.

Een stevige riem is beter.

Trekken aan de leiband

Deze slechte gewoonte is ook gebaseerd op fouten in de training van de pup. Misschien gebruikte u ook een flexi leiband (automatische leiband) omdat u dacht dat dit de hond meer bewegingsvrijheid zou geven. Nu helpt alleen gerichte training met een verstelbare riem van ongeveer twee meter lang.

Het is volkomen zinloos om te werken met tegen-trekken of zelfs maar een scherpe ruk aan de lijn te geven. Dit moedigt uw hond aan om nog harder te trekken. In het begin, probeer gewoon stil te staan. Roep de hond naar je toe. Laat hem nu een paar minuten aan de hiel lopen. Als je consequent zo reageert elke keer dat de hond trekt, zal hij het waarschijnlijk laten gaan. Hij leert dat trekken een tuchtoefening is en hem niet ten goede komt.

Als dit niet helpt, zal de hieronder getoonde methode dat wel doen. Het stelt je in staat om verrassend over te komen bij de hond. Op die manier heb je oogcontact en kun je hem makkelijk beïnvloeden. Dit is belangrijk als u moet ingrijpen wanneer twee honden elkaar tegenkomen.

Oefen de bewegingen eerst zonder de hond, want ze moeten soepel en zonder rukken aan de lijn verlopen. Maak de riem vast aan een voorwerp en houd hem strak bij de lus.

Doe een stap in de richting van de lijn, terwijl u zich half omdraait en de lijn vastgrijpt met uw vrije hand. De spanning moet onveranderd blijven. Houd nu de riem voor je lichaam met beide handen.

Blijf in die richting draaien terwijl je de lijn om je lichaam wikkelt. Zo nader je het bevestigingspunt zonder de spanning van de leiband te veranderen. Dit is zeer belangrijk omdat later de riem aan de hond wordt vastgemaakt. De hond mag niet merken dat u hem nadert.

Onze kleine linnen truc, ®

Bij de volgende halve draai ga je voor het vaste punt van de lijn staan. Zodra je de bewegingen onder de knie hebt, voer je ze uit als de hond weer trekt. Hij is er al aan gewend dat je stopt. Maar deze keer roep je hem niet, maar sta je plotseling voor hem. Wikkel de riem van je lichaam en loop verder alsof er niets is gebeurd.

BELONINGEN EN TRAKTATIES

Beloningen in de vorm van aaien, lieve woorden, het favoriete speeltje of speciale traktaties zijn van het grootste belang tijdens de training van een hond. Een hond is omkoopbaar en als hij een voordeel voor zichzelf kan behalen, zal hij ook het gewenste gedrag vertonen tegen een passende beloning.

Hoe meer u werkt met dergelijke zogenaamde positieve bekrachtigers, hoe beter u een band met uw hond kunt opbouwen. Uw harige neus zal snel beseffen dat u altijd iets lekkers te snoepen hebt en dat het daarom voor hen de moeite waard is om naar u toe te komen of anderszins uw bevelen op te volgen.

Een beloning hoeft niet noodzakelijk uit een traktatie te bestaan. Veel honden houden niet van zoveel geknabbel en zijn tevreden met aaien of hun favoriete speeltje. Een lange stoeipartij door een veld kan ook een beloning zijn voor het dier. Als u echter traktaties gebruikt, wat hoogstwaarschijnlijk het geval zal zijn, zult u ook het voedselrantsoen van uw hond moeten herzien. Als u hem nu blijft voeden volgens de voedingsaanbeveling van de fabrikant, kan dat snel leiden tot zwaarlijvigheid en daarmee gepaard gaande andere gezondheidsproblemen. Dus trek de traktaties van het eten af of verminder de porties. Houd echter altijd de gezondheid van uw huisdier in de gaten en controleer af en toe zijn gewicht, want hij mag natuurlijk niet magerder worden.

Hondensporten voor de hond

Golden Retrievers moeten regelmatig worden uitgedaagd. Als ze geen beweging krijgen, vinden ze wel iets om te doen wat u waarschijnlijk niet leuk vindt. Er bestaat ook het gevaar dat de hond zal proberen een nieuwe hiërarchie in de roedel te vestigen. Hondensporten zijn een ideale manier om de hond lichamelijk en geestelijk voldoende bezig te houden.

BEHENDIGHEID

Deze hondensport, die sedert 1988 in de Duitstalige landen bekend is, is geschikt voor bijna alle rassen. Het wordt aangeboden door veel clubs en hondenscholen. Zoals het Engelse woord al zegt, gaat het om behendigheid en lichtvoetigheid. U legt met uw hond een parcours af waarop verschillende hindernissen moeten worden overwonnen. Gehoorzaamheid is ook belangrijk, want uw hond moet op de juiste manier reageren op uw commando's en lichaamshouding.

DOGDANCE

Net als bij behendigheid moeten mens en hond als een team optreden. Maar de signalen moeten onopvallend zijn. Het moet lijken alsof de hond uit zichzelf handelt. De bewegingen van u en uw hond komen overeen met het ritme van een melodie die u hebt gekozen. Dog dance heeft het voordeel dat je geen cursus nodig hebt. Dus je kunt thuis met de hond oefenen. Deze sport daagt de hond fysiek en mentaal uit.

FLYBALL

Bij deze sport moet de hond over vier hindernissen springen, een balwerpmachine in werking stellen en met de bal naar de finish rennen. De meeste honden vangen de bal zodra het apparaat in werking wordt gesteld en rennen naar het doel.

Flyball is een competitieve teamsport. Vier honden strijden achter elkaar op twee parallelle banen. De volgende hond start zodra de hond die eerder startte de finishlijn passeert. Uw hond leert om in een team met andere honden te werken.

MANTRAILING

Het is puur neuswerk, dus de training is extreem mentaal veeleisend voor de hond. Hij leert het spoor van een mens te volgen en hem te vinden.

Deze sport kan gemakkelijk op verschillende plaatsen worden beoefend. Een mens loopt een route enige tijd voordat je aankomt met de hond en verbergt zich. Uw hond wordt verondersteld de persoon terug te vinden nadat hij aan een kledingstuk van die persoon heeft geroken.

Natuurlijk mag het spoor in het begin niet erg lang zijn, maar met veel oefening zal uw hond in staat zijn een spoor te volgen, zelfs als het een beekje kruist of er doorheen loopt.

MOBILITEIT

De sport is vergelijkbaar met behendigheid, maar snelheid is niet belangrijk. Het belangrijkste is om de oefeningen nauwkeurig uit te voeren. Daarom is Mobility uitstekend geschikt voor oudere of gehandicapte honden. Schakel over van behendigheid naar mobiliteit als u merkt dat uw hond overbelast wordt door de snelle sport.

GEHOORZAAMHEID

De meeste Golden Retrievers zijn trots om te laten zien hoe goed ze gehoorzamen. Daarom is gehoorzaamheid perfect voor hen. Omdat er geen lichamelijke eisen zijn, kunt u ook oudere honden op dit plezier trakteren. Het gaat hoofdzakelijk over gewone gehoorzaamheidsoefeningen zoals "hiel", "zit" en "neer". De bevelen worden ook van een afstand gegeven. Uw hond moet bijvoorbeeld naar een afgebakend gebied gaan wanneer hij wordt geroepen en daar gaan liggen tot u hem roept.

TREIBBALL

Voor Treibball heeft u een bal nodig van onelastisch materiaal die uw hond niet kan vangen. Hij leert het te bewegen met zijn neus. Het doel is om de bal op commando in een bepaalde richting te sturen en in het doel te rollen. De sport daagt uw hond mentaal uit en traint zijn behendigheid.

Veel eigenaren vertellen ook dat hun Golden Retriever dol is op spelen en zwemmen in het water. Misschien houdt hun hond er ook van om in het water te zijn.

Gezondheid, zorg en voeding

RASSPECIFIEKE ZIEKTEN

Ding is zeker: als je een Golden Retriever in je leven laat, wil je dat hij voor altijd gezond blijft. Dat is te hopen, maar helaas schrijft het leven zijn eigen verhalen.

Zoals elke hond, kan een Goldie ook ziek worden. Er zijn symptomen die snel overgaan en elke viervoeter kunnen treffen. Er zijn echter ook ziektes die vaker voorkomen bij een Golden Retriever.

Het kan helpen als je je een beetje aanpast. Dat betekent natuurlijk niet dat het moet gebeuren, maar als je weet wat er kan gebeuren voordat je een Goldie krijgt, voel je je misschien al beter.

Maakt u zich alstublieft niet te veel zorgen, want zoals reeds gezegd, kan het ook voor uw hond goed zijn om de rest van zijn leven gezond en levendig te blijven.

De gemiddelde levensverwachting van een Golden Retriever ligt tussen de 10 en 12 jaar. De reden hiervoor is niet in de laatste plaats de grootte. Kleine honden worden vaak ouder, maar omdat dit ras tot de grote viervoeters behoort, wordt de leeftijd hier eerder ingedeeld. Maar natuurlijk zijn er uitzonderingen. Goldies kunnen 15 of 16 jaar oud worden. Net als bij een mens, kan dit niet precies gezegd worden. Een belangrijke factor in dit geval is natuurlijk de gezondheid. Als harige vrienden op jonge leeftijd ziek worden en steeds terugkerende klachten hebben, kan er in de meeste gevallen van worden uitgegaan dat zij niet zo lang zullen leven als zeer gezonde honden.

Maar wat mag je verwachten in je Goldie? Bedenk dat de hier genoemde ziekten ook mild kunnen zijn. In het beste geval zult u hen nooit "persoonlijk" leren kennen, maar het is altijd goed van hen op de hoogte te zijn. Zo kunt u sneller beoordelen wat het is en beslissingen nemen die uw trouwe viervoeter snel kunnen helpen.

1. zeer gevoelige ogen

Dit probleem komt voor bij de meeste rashonden en dus wordt ook de Golden Retriever getroffen.

Meestal heeft de grote hond last van cataract of retinopathie. In de meeste gevallen is de vertroebeling van de lens er al in de puppytijd, maar het is niet merkbaar. Dit heeft niets te maken met een gebrek aan zorg of interesse. Het is gewoon een omstandigheid die niet door een leek kan worden gezien. De viervoeter zal ook geen afwijkingen vertonen die wijzen op een bezoek aan de dierenarts en deze controle.

Maar omdat de ziekte vaak te laat wordt ontdekt, kan zij ongehinderd voortschrijden. In de meeste gevallen verschijnt het pas als uw hond al volgroeid is.

De situatie is anders bij netvlies atrofie. Deze ziekte gaat heel langzaam vooruit. Het is altijd erfelijk en er kan bijna niets worden gedaan om blindheid te voorkomen. De hond moet er stap voor stap aan wennen. Maar je hoeft je niet te veel zorgen te maken. De ziekte verloopt echt heel langzaam. In het algemeen treedt volledige blindheid pas op oudere leeftijd in. De viervoeter hoeft dus niet te rekenen op een vroegtijdige ernstige beperking.

Ik weet zeker dat je nu in de war bent, maar dat hoeft niet. Deze oogziekten komen voor bij Golden Retrievers, maar dat wil niet zeggen dat gezinsleden er ook last van hoeven te hebben.

Zoals u weet, spelen genen ook een belangrijke rol. Als u gerustgesteld bent en de ouders van de viervoeter bekend zijn, kunt u daar navraag doen. Als een oogziekte, zoals net beschreven, daar niet bekend is, haal dan adem. Het risico wordt er niet door verkleind tot 0 %, maar het is wel duidelijk kleiner.

2. epilepsie

Net als een mens, kan een Goldie ook aan epilepsie lijden. Dit klinkt in eerste instantie misschien niet erg bemoedigend voor u, maar nogmaals, uw hond hoeft er geen last van te hebben.

Als uw hond lijder is, wordt de diagnose tussen een en drie jaar oud gesteld. De symptomen zijn dezelfde als bij een mens. Uw hond zal lijden aan stuiptrekkingen die uitmonden in een aanval. Dit gebeurt meestal in rust of zelfs tijdens het slapen. Dit is niet het geval bij verhuizing. Het is ook mogelijk dat uw hond het bewustzijn even volledig verliest, maar daarna uit zichzelf weer bijkomt.

Een ander begeleidend symptoom is plotseling urineren. Als het lichaam van het dier zich plotseling even aanspant, heeft dat ook invloed op de blaas. Als je Goldie weer ontspant, is dat ook met de blaas het geval. Het is ook niet abnormaal als de blaas zich in deze periode leegt. Helaas kan uw hond dit niet controleren, net als de epilepsie. Dus als u zo'n aanval in huis opmerkt, kan het helpen om snel voorzorgsmaatregelen te nemen met een kompres.

Als u besluit een Goldie te nemen en u heeft uw hart verloren, dan zult u natuurlijk niet in staat zijn de gezondheidstoestand te herkennen. Aangezien de eerste symptomen pas op zijn vroegst na een jaar optreden, zal deze aandoening bij een pup niet merkbaar zijn. Wees gerust: als dit probleem zich echt voordoet, is een bezoek aan de dierenarts voldoende. De dierenarts zal in staat zijn een nauwkeurige diagnose te stellen, omdat niet elke aanval noodzakelijkerwijs op epilepsie wijst. Als dit wel het geval is, kan de specialist uw hond medicijnen geven. Het kan wat geduld vergen tot dit echt goed werkt, maar met de tijd zal het juiste niveau worden gevonden.

Dan is het ook mogelijk voor uw viervoeter om een volledig normaal leven te leiden. Natuurlijk zullen er van tijd tot tijd nog kleine toevallen zijn, dat is niet onmogelijk. Maar het zullen er niet veel meer zijn en het zal voor uw viervoeter minder storend en beangstigend zijn dan voor u.

Blijf kalm en blijf bij uw harige vriend tot de aanval voorbij is. Er is niets meer dat je kunt doen en hij zal je er dankbaar voor zijn.

3. heup- en elleboogdysplasie

De Golden Retriever is een grote hond en om die reden is het niet ongewoon dat hij lijdt aan heupdysplasie. Dit is een verkeerde ontwikkeling van het heupgewricht. Maar ook elleboogdysplasie is denkbaar en, zoals de naam al doet vermoeden, gaat het om een verkeerde ontwikkeling van de elleboog.

De symptomen uiten zich in een beperkte beweging in een van de twee gebieden. Maar ook hier kunt u tot op zekere hoogte gerustgesteld worden: Deze aandoening zal zich pas op oudere leeftijd openbaren. Het komt door de grootte en de hoeveelheid beweging. Jonge honden worden er dan ook zeer zelden door getroffen. Het kan hier ook vergeleken worden met mensen. Oudere en grote mensen hebben meestal vaker last van gewrichtsklachten dan jonge en kleine mensen.

Het zou echter belangrijk zijn dat u de familieleden van de hond "vraagt". Als dergelijke problemen zich vaak hebben voorgedaan, is de kans groot dat uw hond er later ook last van krijgt. Hier speelt aanleg een grote rol. Zeker, een dergelijk onderzoek is niet altijd gemakkelijk, maar vooral in het geval van fokverenigingen levert een onderzoek geen problemen op. Hier kan echter tegelijkertijd worden aangenomen dat de kans op erfelijke ziekten gering is. Fokkers mogen doorgaans alleen gezonde honden met elkaar kruisen, zonder genetische problemen. Maar u mag het gerust vragen.

Bovendien kunt u deze ziekten tot op zekere hoogte tegengaan. Zorg ervoor dat uw hond niet te zwaar wordt. Uw dierenarts zal u bij het jaarlijkse bezoek vertellen of een dergelijke gewichtsverandering wordt opgemerkt. Voortdurend traplopen is ook niet per se gunstig. Natuurlijk vindt een gezonde hond het niet erg om een paar trappen per dag te lopen, maar dit moet wel binnen de perken blijven.

Zorg er dus voor dat u uw hond een evenwichtige voeding geeft en dat hij niet elke dag te veel trappen oploopt, gedurende vele jaren. Dan kun je al veel voorkomen.

4. mestcel tumoren

Deze tumoren kunnen ook bij andere hondenrassen voorkomen, maar er is een frequentere diagnose aangetoond bij Golden Retrievers in vergelijking met andere rassen.

Dit zijn tumoren die zich onder de huid of het onderhuidse weefsel van de hond vormen. Net als bij de mens is het mogelijk dat ze goedaardig of kwaadaardig zijn.

De regel is dat ze in een vroeg stadium moeten worden opgespoord en behandeld. Hoe eerder met de behandeling wordt begonnen, hoe beter het ook voor uw hond is. Zelfs een goedaardige tumor kan na verloop van tijd kwaadaardig worden als hij onontdekt blijft.

In het ergste geval kan de tumor tot de dood leiden als de diagnose niet wordt gesteld en de groei onbeperkt blijft.

Men mag echter niet uit het oog verliezen dat tumoren bij alle hondenrassen kunnen voorkomen en dat niemand weet of en wanneer een hond zal worden aangetast. Natuurlijk bestaat ook de mogelijkheid, en dat is vaker te verwachten, dat zo'n drastische diagnose nooit wordt gesteld.

Maar als het toch gebeurt, blijf kalm en vertrouw de dierenarts. Hij zal u de volgende stappen uitleggen en de beste en meest doeltreffende behandeling voor uw trouwe viervoeter kiezen.

Maar maak je niet te veel zorgen voordat je besluit een Goldie te nemen. Zoals reeds gezegd, is de kans op een dergelijke nare ziekte gelukkig zeer gering.

Nu weet u al welke ziekten kunnen voorkomen bij een Golden Retriever. Dit geeft u de gelegenheid om af te wegen en verdere beslissingen te nemen.

Maar één ding moet hier gezegd worden: Dit zijn ziekten die vaak voorkomen bij een Goldie. Het is heel goed mogelijk dat hem iets anders dwars zit. Dit zijn ziekten die bij alle hondenrassen voorkomen.

HONDENZIEKTEN IN HET ALGEMEEN

In het volgende vindt u ziekten die bij alle honden kunnen voorkomen. Dit is een selectie van de meest voorkomende klachten. Het is ook mogelijk dat uw viervoeter in de loop van zijn leven iets ontwikkelt dat u hier niet zult vinden. Maar zoals reeds gezegd, dit is een zeldzaamheid.

1. anaplasmose

Deze ziekte wordt overgebracht door teken en zoals u waarschijnlijk weet, zijn honden erg vatbaar voor de kleine dieren.

Hier worden de witte bloedcellen beschadigd en na verloop van tijd volledig vernietigd. Deze ziekte komt in golven voor. Als de ene golf voorbij is, komt de volgende na twee tot drie weken.

Dit wordt nog verergerd door een steeds slechtere algemene conditie met koorts.

De beste remedie tegen de ziekte is preventie. Vraag advies over hoe je dit moet doen. Een tekenkraag, tabletten of zogenaamde spot-ons, die in de nek van het dier worden gedruppeld, zijn al goed. Deze producten zijn zeer doeltreffend en verminderen de kans op een tekenbeet. Houd echter de dieren in de vacht van uw hond in de gaten.

2. babesiose (hondenmalaria)

Deze ziekte is levensbedreigend omdat de protozoa de rode bloedcellen na verloop van tijd volledig vernietigen. Deze ziekte is vergelijkbaar met malaria, die alleen mensen treft.

Bij de mens zijn verschillende muggen de veroorzakers, maar bij de hond zijn het weer teken die verantwoordelijk zijn.

Aangezien deze ziekte allesbehalve gemakkelijk te behandelen is en vermoeiend voor uw hond, moet u ook hier de nadruk leggen op preventie. Hoe dit mogelijk is, hebt u reeds in punt 1 geleerd.

3. borreliose

Je bent misschien bekend met deze ziekte. Het kan ook honden treffen en veroorzaakt bij hen dezelfde klachten als bij ons mensen. Het is merkbaar bij gewrichtsklachten die zeer snel optreden.

Dit is een bacteriële ziekte die alleen met een antibioticum kan worden behandeld. Om late effecten te voorkomen, is het belangrijk dat het antibioticum zeer snel en volgens de instructies wordt toegediend.

De gewone houtteek is de boosdoener en veroorzaakt deze ziekte altijd bij elk hondenras. Hier kunt u de reeds bekende voorzorgsmaatregelen nemen. Tegenwoordig is het echter ook mogelijk honden tegen de ziekte te laten vaccineren. Bespreek dit met uw dierenarts als u dat wenst. Hij zal u kunnen adviseren over de voordelen.

4. dirofilariasis

Deze ziekte zal je zeker weer minder bekend voorkomen. Deskundigen spreken vaak over hartwormziekte. Zoals je misschien al geraden hebt, wordt het overgebracht door een worm.

Deze is 30 cm lang en nestelt zich in de longen of zelfs het hart van het dier. Dit kan leiden tot hartfalen bij de viervoeter, wat op zijn beurt weer leidt tot lever- of nierfalen.

De worm wordt overgebracht door een mug. Verschillende soorten kunnen hiervoor in aanmerking komen. Als de ziekte niet goed wordt behandeld, kan zij onvermijdelijk leiden tot de dood als gevolg van de hartproblemen.

Ook hier is profylaxe met insectenwerend middel en diverse geneesmiddelen belangrijk. Vraag in geval van twijfel advies.

5. echinokokken

Dit zijn lintwormen die in de dunne darm voorkomen. Symptomen zijn zeer zeldzaam, en als ze zich voordoen, zijn ze zeer mild. De hond is een van de laatste gastheren van deze ziekte en heeft dus veel geluk.

De situatie is anders bij tussenliggende hosts. Niettemin is het belangrijk de wormen "op te ruimen" zodra zij zich hebben gevestigd. Vooral kleine kinderen mogen er niet mee in contact komen.

Om de ziekte op afstand te houden, moet regelmatig ontwormd worden. Dit kan gemakkelijk worden gedaan met een tablet die de dierenarts u bij uw jaarlijkse bezoek zal geven. Maar wees niet verbaasd als er geen worm in de uitwerpselen wordt gevonden. De behandeling is nog steeds succesvol.

Zorg er echter voor dat u er echt aan denkt om elk jaar te ontwormen.

6. ehrlichiose

Hier worden de witte bloedcellen van het dier aangetast. Als het niet wordt behandeld, kan er schade aan de organen ontstaan die niet meer met medicijnen en therapieën kan worden behandeld.

De drager is de bruine hondenteek en, zoals u al weet, helpen de beproefde preventiemiddelen, zoals de tekenband, ook hier.

7. hepatitis contagiosa canis

In de meeste gevallen is deze ziekte ernstig en dodelijk. De behandeling moet daarom zeer snel worden gegeven.

De symptomen kunnen hier helpen, maar ze zijn niet erg specifiek. Wees alert als uw hond misselijkheid ervaart met overgeven. Geelzucht ontstaat ook na verloop van tijd. Als leek, "alleen" het braken en verlies van eetlust zijn zeker merkbaar. Als deze symptomen niet verdwijnen, is het beter een keer vaker naar de dierenarts te gaan dan te weinig.

Uitzonderlijke gevallen met een mild verloop zijn echter ook mogelijk. In de meeste gevallen is een klinische behandeling echter echt noodzakelijk.

Volledigheidshalve moet echter ook worden gezegd dat zeer veel dieren sterven voordat de ziekte zelfs maar door de arts een naam kan worden gegeven. Maar dat is niet jouw schuld. Het is echt verraderlijk en wordt snel erg zwaar. U moet dit in gedachten houden als het uw hond daadwerkelijk zou treffen.

Als uw viervoeter echter een van de dieren is die deze hepatitis overleeft, moet u voorbereid zijn op een lang proces van herstel. Het lichaam is zeer verzwakt en het kan ook niet worden uitgesloten dat er in de loop van de tijd schade aan organen ontstaat, die ook na een lange wachttijd niet verdwijnt.

Dit klinkt allemaal niet erg opbeurend, toch? Laat uw dierenarts u adviseren. Tegenwoordig zijn er vaccinaties die tegen deze ziekte kunnen beschermen en u dus van deze zorgen kunnen verlossen.

8. hepatozoonosis

Veel van de inwendige organen van uw hond worden door deze ziekte aangetast. In een ernstig verloop kan ook de dood intreden. De reden hiervoor is orgaanschade veroorzaakt door de ziekteverwekker die de ziekte veroorzaakt.

De drager van deze ziekte is de bruine hondenteek. De beet van dit dier is echter niet noodzakelijk de doorslaggevende factor. De infectie treedt eerder op wanneer uw hond de teek bijt of zelfs opeet. Ook hier kunnen de gebruikelijke teekmiddelen helpen, zodat uw hond niet eens op het idee komt om deze teek op te eten.

9. leishmanoise

Deze ziekte moet in elk geval zeer ernstig worden genomen, want heel vaak kan de hond niet meer worden geholpen.

De trigger hiervoor is de zandvlieg of de vlindermug. Hij is meestal 's nachts of in de schemering actief. De sterke beharing onderscheidt hem van andere dieren van zijn grootte. Het ontbreken van gezoem kan ook niet noodzakelijk als een voordeel worden gezien.

Als de mug uw hond bijt, wordt hij niet meteen ziek. Integendeel: vaak duurt het vele maanden of zelfs jaren voordat u de eerste tekenen van een verandering merkt. Niemand denkt hier nog aan zo'n mug, wat de diagnose alleen maar moeilijker maakt. In de meeste gevallen zijn de belangrijkste tekenen een kale neusbrug en oorranden. Brilvorming rond de ogen wordt duidelijk en de genoemde gebieden worden bedekt met grote schubben. De klauwen van de hond groeien ook meer dan normaal, terwijl de voetzolen en tenen pijnlijk worden - ongewone kenmerken die een reis naar de dierenarts onuitstelbaar maken.

De enige manier om te voorkomen dat uw hond besmet raakt, is hem te beschermen tegen de mug. Er zijn halsbanden en dergelijke, maar vaccinatie is ook mogelijk.

10. leptospirose

Overdracht van deze ziekte vindt plaats via bacteriën die in de urine van muizen en ratten worden aangetroffen.

Het grootste gevaar voor besmetting is via het water. Hier is vaak meer knaagdierurine dan verwacht. Als uw hond uit zo'n watermassa drinkt, is dat voldoende.

Zelfs mensen zijn niet veilig voor deze ziekte.

Er zijn geen halsbanden of soortgelijke beschermingsmiddelen. Alleen een vaccinatie kan helpen, die ook vele ziekteverwekkers van dit type bestrijdt.

Deze ziekte is bijzonder gevaarlijk voor honden. Daarom wordt het meestal al als een verplichte vaccinatie toegediend als het niet uitdrukkelijk wordt geweigerd.

11. parovirosis

Dit is een virale ziekte die zeer besmettelijk is. Als pups zijn aangetast, kunnen ze in de meeste gevallen niet meer worden geholpen. De reden hiervoor is hevig braken en bloederige diarree. Zodra deze symptomen aanwezig zijn, is behandeling nog mogelijk, maar meestal zonder succes.

Ook hier is er nu al een vaccinatie die verplicht is, zodat de eigenaars zich geen zorgen meer hoeven te maken.

12. distemper

Je hebt hier zeker al van gehoord. Dit virus lijkt erg op mazelen en is helaas vaak dodelijk. Honden die deze ziekte bij zich dragen, kunnen anderen besmetten via afscheidingen.

De symptomen kunnen zeer verschillend zijn, waardoor een snelle diagnose niet altijd gemakkelijk is. Diarree en braken zijn mogelijk, maar ook de afscheiding van etterige afscheidingen uit de neus. Vaak zit de neus dichtgeplakt en is er in het verdere verloop van de ziekte ook sprake van hoest. U zult tandglazuurafwijkingen zien op het gebit van uw hond. Maar er is ook goed nieuws: als uw viervoeter deze ziekte heeft overleefd, zal hij voor de rest van zijn leven immuun zijn.

De behandeling is moeilijk, daarom is er ook hier een vaccinatie ter preventie, die ook tegenwoordig als verplicht wordt beschouwd.

13. hondsdolheid

Iedereen is zeker bekend met hondsdolheid. Dit is een virale infectie. De ziekte is zeer gevaarlijk en jaarlijks worden wereldwijd nog meer dan 10.000 dieren er het slachtoffer van.

Als je eenmaal ziek bent, kun je niet meer genezen, en de overdracht gaat via speeksel.

Er bestaat al lang een vaccinatie en die is verplicht. Het is toch verplicht op reis.

14. kennelhoest

Dit is een ziekte van de luchtwegen. De ziekte wordt veroorzaakt door andere honden. Vaak worden dieren getroffen die in een pension zaten of in een asiel leven.

Bacteriële en virale ziekteverwekkers zijn de oorzaak van de infectie en behandeling is mogelijk. Dit vergt echter een zeer lange tijd en omvat het gebruik van antibiotica. De hond lijdt erg onder de ziekte en zal een tijd nodig hebben om weer op krachten te komen.

Vaccinatie tegen de ziekteverwekker is mogelijk, maar vaak zijn verschillende vaccinaties nodig. Uw dierenarts kan u adviseren en weet wat helpt.

Zoals ieder mens, kan ook iedere hond ziek worden. Op het eerste gezicht lijken de hier opgesomde ziekten zeker verschrikkelijk. Denk er echter aan dat ze niet vaak voorkomen.

Het is belangrijk dat u een overzicht heeft en weet waar u op moet letten bij uw trouwe viervoeter. Deze ziekten kunnen bij alle hondenrassen voorkomen, dus ook bij de Golden Retriever.

Wees voorzichtig, maar niet te voorzichtig. Veel teken en muggen zijn ook niet overal inheems.

DE JUISTE ZORG

Elke hond heeft goede verzorging nodig. Zonder dat, doet hij het niet goed. Vooral een Golden Retriever is blij met dit soort genegenheid. Dan ben je heel dicht bij hem en hij houdt toch van je nabijheid.

Toch kan hij bepaalde dingen niet leuk vinden. Wie wordt er graag geborsteld of in bad gedaan? Maar misschien is dat niet nodig bij dit ras.

Vragen na vragen. Natuurlijk wilt u alles goed doen en er zeker van zijn dat het echt goed gaat met uw hond. Dat is niet zo moeilijk. De volgende punten zullen u laten zien hoe u dat moet doen en hoe de optimale verzorging van uw Goldie eruit ziet.

1. de juiste kam

Het is belangrijk dat u uw Goldie regelmatig kamt. De lange vacht heeft de neiging snel te gaan klitten en als dat eenmaal gebeurd is, is scheren vaak het enige wat helpt. Noch u, noch uw hond zullen hier echter blij mee zijn.

Hoe vaak moet je tijd besteden aan verzorging? Het zou optimaal zijn als u er een of twee keer per week de tijd voor neemt. Het is belangrijk dat je niet gehaast bent. Neem de tijd om de vacht van uw hond te kammen om er zeker van te zijn dat u alle klitten krijgt.

Maar dat is niet alles. Bij een Golden Retriever is het voordelig om ten minste twee kammen te gebruiken. Werk door alle lagen van de vacht, deze kunnen ook van verschillende dikte zijn. Kies een grove kam voor de dichte delen en een fijne kam voor de fijnere delen.

Zoals gezegd, kalmte is hier echt nodig. Niet alle honden houden van kammen, zelfs Goldies kunnen verschillende meningen hebben. Maar daar kom je vrij snel achter.

Ofwel loopt je protégé weg, ofwel gaat hij naast je liggen en geniet van de speciale streling. Maar over het geheel genomen, maakt het niet uit hoe hij erop reageert: Minstens één keer per week borstelen is een must, of uw Goldie het nu leuk vindt of niet. Hier moet je je laten gelden, anders helpt maar één ding: afsnijden! Zeker niet een optie die uw hond zou goedkeuren.

2. de oogcontrole

Zoals u al hebt ondervonden, zijn vooral goudvinken vatbaar voor oogziekten. Andere honden ook, natuurlijk, maar bij dit ras zijn bepaalde ziekten meer voorwaardelijk dan bij andere. De genoemde ziekten (b.v. cataract) zijn uiteraard genetisch bepaald en kunnen niet noodzakelijkerwijs worden voorkomen.

Het is echter belangrijk dat u andere aandoeningen in het gezichtsveld voorkomt, zodat er geen verdere schade kan ontstaan. Kijk elke dag in de ogen van uw hond en let vooral op korstjes. U kunt deze voorzichtig verwijderen met een vochtige doek of een beetje water. Het is meestal niet meer dan wat wij "slaapzand" zouden noemen. Uw hond zal echter niet in staat zijn om het zelf te verwijderen. Misschien stoort het hem niet eens. Als het echter permanent en herhaaldelijk in de ogen blijft, kunnen ontstekingen ontstaan, die op hun beurt andere ziekten kunnen versnellen of ondersteunen.

Ook andere verontreinigingen door buitenspelen kunnen voorkomen en tot problemen leiden als ze niet worden vermeden.

Natuurlijk hoeft u niet elk uur achter uw hond te gaan staan en in zijn ogen te kijken. Het is voldoende als u dit 's morgens of 's avonds doet. Vind hier een ritme dat u gemakkelijk kunt integreren in uw dagelijks leven samen.

Let bij het schoonmaken ook op wat goed is voor uw hond. Behandel niet met druppels of soortgelijke middelen als u niet zeker bent. In zo'n geval is het altijd beter en raadzaam om een arts te raadplegen. Hij kan u precies vertellen of het verder moet worden behandeld of dat u bij het schoonmaken iets anders kunt doen.

3. kijk in de oren

Een dagelijkse blik in de flaporen van de Golden Retriever is meer dan belangrijk. Honden met flaporen zijn sowieso altijd vatbaarder voor vuil en ziektes.

Het is belangrijk voor u om te weten dat u uw oren niet noodzakelijk elke dag hoeft schoon te maken. Maar een blik moet worden gewaagd. Neem uw hond bij u en kijk kort in zijn oren. Til gewoon het oor op en kijk of er iets vreemds aan de hand is.

Veel eigenaars merken hier van tijd tot tijd een vreemde geur op. Dan is het tijd om het oorsmeer (of andere onzuiverheden) te verwijderen. Maar er is één ding dat je nooit mag vergeten: Sommige baasjes willen alles meer dan goed doen en denken dat wat goed is voor een mens niet slecht kan zijn voor een hond. Alstublieft, zelfs als u deze gedachten heeft, grijp niet naar oorstokjes of andere scherpe schoonmaakmiddelen. Je weet niet wanneer je hond beweegt en een zenuwtrekje op het verkeerde moment kan leiden tot verwondingen waarvan niemand de gevolgen kan inschatten.

Probeer in plaats daarvan het vuil te verwijderen met een natte doek, waarbij u zo voorzichtig mogelijk te werk gaat. Praat ondertussen zachtjes tegen uw viervoeter en houd hem zachtjes vast.

Oren schoonmaken is zeker geen pretje, noch voor u, noch voor uw hond. Maar het is nog steeds erg belangrijk en moet niet worden uitgesteld. Als je het een paar dagen niet doet, zou er niets moeten gebeuren. Maar dan is het belangrijk om nog eens te kijken.

Er hoopt zich vrij snel veel op in de flaporen van de hond. Als u te lang wacht, kan er snel een ontsteking ontstaan, die dan weer door een arts moet worden behandeld.

Vuil, oorsmeer of geurtjes: geef deze onzuiverheden geen kans en help uw goudhaantje om goed te horen zonder pijn.

4. de mondcontrole

Dit klinkt misschien vreemd, maar ook honden kunnen gebitsproblemen krijgen. Je hebt misschien zelf ervaren hoe dit voelt. Het doet veel pijn, en spelen en eten is er niet bij.

Welke opties heb je? Het klinkt ongeloofwaardig, maar er zijn baasjes die de tanden van hun hond poetsen. Gebruik echter geen tandpasta uit de normale handel. Als u dit wilt proberen, vraag het dan aan uw dierenarts. Hij kan u een aanbeveling geven, u afraden of juist niet, en u ook vertellen welk product en welke borstel u kunt gebruiken ter ondersteuning van de tandverzorging.

Als dit echter geen optie voor u is, hoeft uw hond het niet zonder een schoon en goed verzorgd gebit te stellen. Er is tegenwoordig een breed scala aan kauwtabletten verkrijgbaar die hetzelfde effect hebben. Vaak vindt u op de verpakking woorden als "dental" of "denta sticks". Kijk rond in de winkel. Je hoeft er ook niet voor naar een dierenwinkel. Meestal zijn deze producten al verkrijgbaar in elke discountwinkel.

U hoeft ook niet bang te zijn dat uw hond de sticks niet lust omdat ze misschien een vreemde smaak hebben. Eén ding is zeker: uw hond zal van u houden, want hij proeft niets van het verzorgingseffect. Na verloop van tijd zal hij het echter merken en kan niet alleen uw hond maar ook u genieten van een gezond gebit.

U kunt het beste op de verpakking lezen hoe vaak u deze sticks moet gebruiken. Dit varieert van fabrikant tot fabrikant.

Ben je nog steeds niet overtuigd? Ook geen probleem, want er is een andere optie die u zeker meer overtuiging zal geven. Geef uw viervoeter regelmatig een bot, of het nu een bot van vlees of van buffelhuid is. Deze hebben een soortgelijk effect. De dieren knagen op het harde oppervlak en kunnen zo vuil en tandplak van hun tanden verwijderen. Uw viervoeter zal hier zeker geen nee tegen zeggen.

5. tekenbestrijding, vlooien en mijten

Of u nu bent gaan wandelen of niet, controleer de vacht van uw Golden Retriever dagelijks op teken of andere "bewoners". U hebt nu al gehoord welke ziekten door hen kunnen worden uitgelokt.

Maar wees niet te bezorgd als je zo'n dier vindt. Dit betekent niet dat uw hond meteen een nare ziekte heeft opgelopen. Ziekten die worden overgebracht door teken en andere dieren zijn mogelijk, maar niet de regel. Als u echter veranderingen bij uw trouwe viervoeter opmerkt, weet u al waar u bij de dokter op kunt wijzen. Maar dit is echt niet de regel.

Maar wat is de beste manier om de vacht te onderzoeken? Je kunt gewoon je vingers gebruiken en het lichaam van de hond stuk voor stuk doorzoeken. Heb je iets gevonden? Dan moet je goed kijken. Meestal zijn de teken vrij groot en kunnen ze er voorzichtig met de vingers worden uitgedraaid. Zorg ervoor dat je echt alles opvangt en dat er niets in de huid blijft steken. Als het niet lukt met de vingers, kunt u ook een pincet of een tekentang gebruiken. Die laatste kan je bij elke apotheek krijgen.

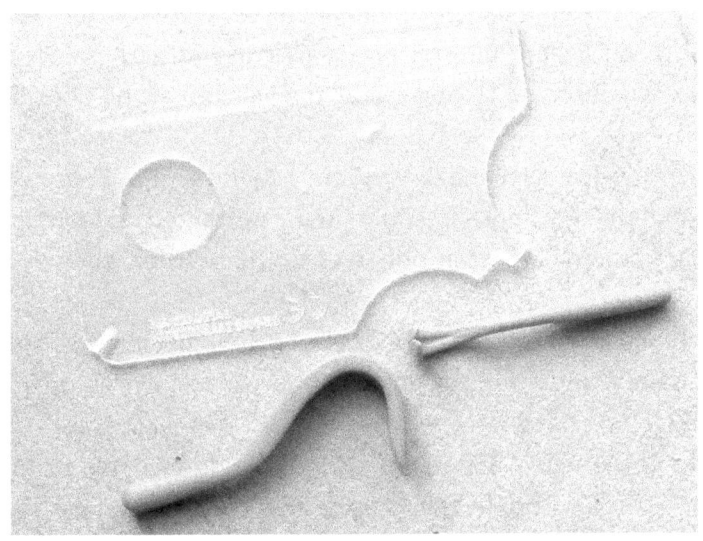

Onze tekenkit, ©

Maar als u niet met uw handen wilt zoeken, kunt u ook een kam gebruiken. Er zijn speciale kammen voor dit doel. U zult niet per se succes hebben met een gewone kam. Vraag in de dierenwinkel naar een vlooienkam. Dit is heel fijn en zorgt ervoor dat u echt alles vindt. Je kunt er zelfs de kleinste vlo mee vinden, vandaar de naam.

Voel je vrij om uit te proberen wat je het beste bevalt. Maar het is misschien veel belangrijker wat uw hond erover zegt. Als hij het ene niet leuk vindt, kan het andere misschien helpen. Het enige belangrijke is dat u zich niet laat overhalen om niet meer naar vlooien en teken te zoeken. Vooral na een lange wandeling, is het controleren van de jas meer dan belangrijk.

Kleine hint: als je een teek hebt gevonden en hem hebt kunnen verwijderen, moet je hem vernietigen. Alsjeblieft, gooi het niet in het gras en vergeet het. Dat het dier een tijdje bij de hond is geweest, wil niet zeggen dat hij het niet meer kan doen. Zelfs als het er niet mooi uitziet: Vertrap het gewoon of transporteer het op een andere manier. In ieder geval is dit beter dan nog een tekenbeet en uw viervoeter zal er toch niet aan denken het kleine kruipertje op te eten.

Helaas komen mijten veel voor bij honden. Ze worden ingedeeld bij de spinachtigen en liggen meestal op de loer in het gras op weiden en akkers. Je viervoeter zal ze maar al te snel vangen als hij door het gras loopt.

Er zijn verschillende soorten mijten in Europa, zoals demodexmijten, grasmijten, roofmijten, oormijten, graafmijten en schurftmijten. Sommige gaan ook over op mensen en kunnen ziekten zoals schurft overbrengen.

Sommige symptomen zijn voor elk type mijt hetzelfde, maar er zijn ook specifieke symptomen aan de hand waarvan kan worden vastgesteld om welk type mijt het gaat.

In het algemeen kan er zeer hevige jeuk zijn. Uw hond zal non-stop krabben. Er kan roos op de huid ontstaan en de vacht kan uitvallen. Het constante krabben zal zweren en eczeem veroorzaken. Bovendien kunnen de open plekken leiden tot ontstekingen en verdere infecties.

Bij een besmetting met oormijt zijn de symptomen ook alleen aan de oren te zien.

Een snelle afspraak met de dierenarts is nu onvermijdelijk, want sommige soorten mijten kunnen zeer besmettelijk zijn en ook op mensen overgaan. Ook andere huisdieren moeten op besmetting worden onderzocht en dienovereenkomstig behandeld.

Uw dierenarts zal u medicijnen geven om de jeuk te verminderen. Hij kan ook een speciale shampoo of poeder aanbevelen. Vervolgens moet u uw viervoeter hiermee behandelen volgens de gebruiksaanwijzing. Denk ook aan het bed van de hond, want ook hier kunnen mijten leven.

Als u herfstgrasmijten in uw tuin hebt, moet u uw tuin vaker dan normaal maaien en het gemaaide gras weggooien. Laat uw hond alleen in het gras rondrennen als het nat is. Dan zullen er daar niet zoveel mijten zijn.

Het voorkomen van mijten is niet eenvoudig, maar als uw hond in de eerste plaats een gezond en sterk immuunsysteem heeft, is een besmetting minder riskant. Trakteer uw trouwe viervoeter daarom op een goede en evenwichtige voeding en geef hem voldoende beweging. Controleer de vacht van uw hond op parasieten na elke wandeling. Op die manier kunt u reageren voordat de plaag merkbaar wordt. Soms wordt geadviseerd uw hond na elke wandeling te wassen, zodat eventueel aanwezig ongedierte wordt uitgespoeld. Dit is echter niet erg bevorderlijk voor de huid en vacht van uw huisdier. Maar u moet wel regelmatig zijn halsband of tuigje goed schoonmaken, evenals de hondendekens uit de mand. Voor gravende mijten of demodexmijten kunt u verdunde appelciderazijn gebruiken. Pas echter op dat u dit mengsel niet in de ogen of op open wonden van uw hond krijgt. Het is ook mogelijk om kokosolie aan te brengen. Bij sommige mijtsoorten zal dit de ademhalingsgaten blokkeren en zullen ze sterven. Raadpleeg echter altijd uw dierenarts als u dergelijke huismiddeltjes wilt gebruiken. Dit is niet altijd de juiste manier en aan te raden.

Als u een ongewone rusteloosheid bij uw viervoeter opmerkt en ziet dat hij vaak aan bepaalde plekken likt of knabbelt en zich veel krabt, controleer dan zijn vacht op vlooien. Het is waarschijnlijk dat een vlooienbesmetting de oorzaak is. Vlooien zijn erg klein, slechts ongeveer 4 mm groot, maar ze zijn toch gemakkelijk te zien. Ze zijn meestal zwart, plat aan de zijkant en kunnen heel ver springen. Om een vlooienbesmetting op te sporen, haalt u een fijne vlooienkam door de vacht van uw hond. Als er vlooien aanwezig zijn, vindt u ze of hun resten in de vorm van kleine zwarte kruimeltjes in de kam. Als je deze zwarte kruimels in een vochtige zakdoek wrijft, worden ze roodbruin. Dit is vlooienpoep.

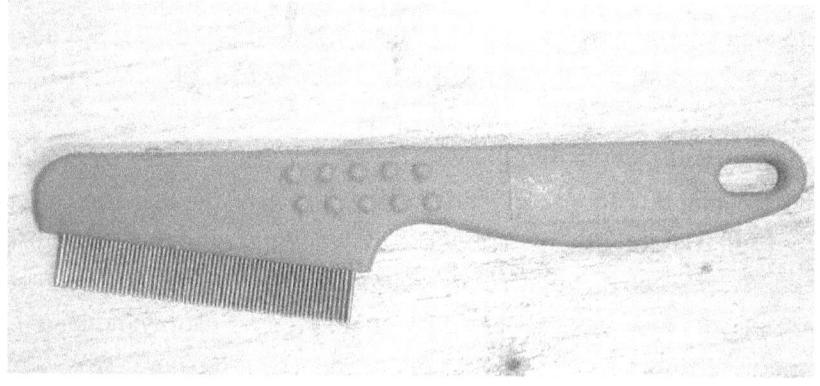

Onze vlooienkam als nuttig instrument, ©

Nu moet u snel iets doen tegen de vlooien, want ze nestelen zich niet alleen in de vacht van uw viervoeter, maar ook in zijn mand en overal waar uw hond tijd doorbrengt. Bovendien kan het voortdurende krabben en likken infecties op de huid veroorzaken en kunnen de vlooien ook andere ziekten overbrengen. Het is bijvoorbeeld denkbaar dat uw viervoeter hersenvliesontsteking of vlektyfus oploopt door de vlooien. Een allergische reactie op de vlooienbeten kan ook voorkomen en, waar bijna nooit aan gedacht wordt, kan door de vlooien worden overgebracht. Dit alles is ook niet ongevaarlijk voor de mens. Daarom moet u bij een vlooienbesmetting altijd een ontwormingskuur uitvoeren.

Er zijn verschillende vlooienbestrijdingsmiddelen verkrijgbaar in de winkel of bij uw dierenarts. U kunt met uw dierenarts bespreken welke geschikt is voor uw hond. Er zijn pipetten verkrijgbaar, zogenaamde spot-ons, waarvan de inhoud in de nek van het dier wordt gedruppeld. Dit kan zelfs profylactisch worden gedaan om te voorkomen dat de hond vlooien oploopt. Sprays kunnen ook nuttig zijn, maar je moet er zeker van zijn dat het op één dier kan worden gebruikt. Bovendien zijn er vlooienbanden die een actief bestanddeel bevatten dat dodelijk is voor vlooien. Als u het liever zonder chemicaliën probeert, probeer dan silica of diatomeeënaarde. Dit zeer fijne poeder kan op de vacht van uw hond worden gestrooid. Het kan ook worden gebruikt voor de bodembedekking van de hond en uw huisdier zal dit poeder uit zichzelf verspreiden waar het ook gaat. Het duurt wel iets langer om van de vlooienplaag af te komen, maar het heeft een zeer langdurig effect. Het is belangrijk dat u bij elke toepassing alle dieren in het huishouden tegen vlooien behandelt. Anders bestaat het risico dat ze van het ene dier op het andere overgaan en dus nooit volledig worden uitgeroeid.

Helaas maakt het voor de vlo geen verschil of hij een volwassen hond of een puppy als gastheer kiest. Bij puppy's moet men echter voorzichtig zijn met het gebruik van vlooienmiddelen, omdat het immuunsysteem nog niet volledig ontwikkeld is. Overleg met uw dierenarts welke anti-vlooienmiddelen u veilig kunt gebruiken zonder uw kleine lieveling te schaden.

Er bestaan ook verschillende sprays voor de omgeving van de hond, maar de vlooieneitjes en -larven worden niet altijd gedood. Ze zitten meestal in kieren en donkere hoeken van uw huis. Daarom moet je nu elke dag naar de stofzuiger grijpen. Hierdoor komen de larven gemakkelijker uit en kunt u ze bestrijden met anti-vlooienmiddelen. Als de flat te erg is aangetast, kunt u zogenaamde "foggers" gebruiken. U zult dan echter gedurende enkele uren uw huis niet kunnen betreden en al het meubilair nauwgezet moeten schoonmaken. Dit is een zeer onhandige methode, maar sommige hondeneigenaren zweren erbij.

Nu vraagt u zich waarschijnlijk af waar uw hond de vlooien in de eerste plaats vandaan heeft. Dit gebeurt snel als je op stap bent met je viervoeter. Het kleine ongedierte schuilt in het gras of in de vacht van andere honden waar de uwe mee heeft gespeeld. De poppen en larven van een vlo kunnen zelfs enkele maanden zonder voedsel overleven en dan uiteindelijk in de vacht van uw viervoeter terechtkomen. En dan te bedenken dat een vlo meer dan een halve meter kan springen. Helaas zijn onze winters niet meer bitter koud genoeg om een vlooienpopulatie te doden, en als er eenmaal een paar in huis zijn, vinden ze het bijzonder gemakkelijk om zich snel te vermenigvuldigen. Een vrouwtje kan in een paar weken vele honderden eitjes produceren, die uiteindelijk van de hond afvallen en zich over de hele flat verspreiden. Daarom is het zo belangrijk om ze binnen je eigen vier muren te controleren. De vlooienlarven komen na korte tijd uit de eitjes. Deze worden vooral aangetroffen in donkere spleten of in kleding en textiel, alsook in tapijten. De larven zijn zeer robuust en moeilijk te verwijderen. In de volgende cyclus verpopt de larve zich en kan vele weken en maanden overleven. Zelfs chemicaliën hebben nauwelijks effect op de pop. Nu komt de volwassen vlo tevoorschijn en is klaar om nieuwe eitjes te leggen. Het is erg moeilijk om een echte vlooienplaag te bestrijden. Doe uzelf daarom een plezier en controleer uw hond regelmatig op parasieten.

6. voeding en lichaamsbeweging

Het is belangrijk dat u elke dag aandacht besteedt aan de voeding van uw trouwe viervoeter. Golden Retrievers zijn over het algemeen honden die veel eten en graag eten wanneer ze dat mogen. Dus als hij je na het ontbijt met grote ogen aankijkt en om meer vraagt, geef dan niet toe. Hij zal vol zitten, ook al beseft hij het op het moment niet. Het is net als mensen: Als we snel eten en er verder niet over nadenken, zullen we na de maaltijd nog steeds honger hebben. Pas later ervaren we wat we een gevoel van verzadiging noemen. Het is niet anders met uw trouwe viervoeter.

Het is dus belangrijk dat u zich aan bepaalde hoeveelheden voedsel houdt. Natuurlijk kunt u ook tussendoor iets lekkers geven als beloning, maar ook hier is de hoeveelheid belangrijk. Geef alsjeblieft niet te veel, anders verdwijnt het beloningseffect snel.

Voldoende lichaamsbeweging is ook belangrijk. Een hond die goed eet, heeft ook beweging nodig. Dit is vooral belangrijk voor de Goldie, omdat hij toch al het jachtinstinct in zich heeft. Als hij bij u in een flat woont, neem hem dan ten minste twee of drie keer per dag mee naar buiten. Dat zal hij leuk vinden.

Als hij genoeg ruimte en een groot stuk grond heeft, zou zelfs één keer per dag genoeg moeten zijn, maar hij zal ook geen "nee" zeggen als je hem voor een tweede ronde meeneemt. Zoek uit wat genoeg is en oefen hem zo veel als je kunt. Als het om bepaalde redenen niet mogelijk is, zou u ook elke dag een grote speelronde met hem kunnen doen. Dit is binnenshuis zeker niet gemakkelijk, maar op een terrein is het geen probleem. Het enige belangrijke is dat hij wat beweging krijgt. Dan zal je Goldie zich echt goed voelen.

Kortom, een balans tussen beweging en gezonde voeding is het beste wat er is voor uw Golden Retriever. Dit ras heeft de neiging sneller te zwaar te worden dan andere honden. Als hier iets merkbaar is, zal uw dierenarts u dat vertellen. Dan, ten laatste, moet er iets gedaan worden.

7. controle van de poten

Het lijkt misschien overbodig voor sommige baasjes, maar het controleren van de pootjes moet, vooral in de winter, dagelijks gebeuren.

Als u veel met uw hond wandelt, kan het in het koude jaargetijde gebeuren dat resten strooizout zich onder de poten en op de klauwen verzamelen. Na verloop van tijd kan het pijn doen en leiden tot kleine verwondingen. Voer na de wandeling een controle uit en reinig de pads indien nodig zorgvuldig.

Indien u wenst, kunt u ook regelmatig de pootjes van uw viervoeter insmeren. Het seizoen speelt hier maar een kleine rol. In de winter zal het goed voor hem zijn vanwege het zout. In de zomer zal hij zeker veel op hete oppervlakken lopen. Het is dan zeker een zegen als zijn pootjes even afgeroomd worden.

Gebruik een zachte crème zonder veel additieven en parfum. Als u zoiets niet in huis hebt, kunt u het ook bij uw volgende bezoek aan de dierenarts vragen. Advies is ook zeker te verkrijgen in de dierenwinkel. Tijd is niet van essentieel belang.

Het is belangrijker dat u de poten en klauwen dagelijks controleert, zodat er daar geen ontstekingen ontstaan door verschillende oppervlakken.

Controleer tijdens het trimmen ook de poten van uw hond. Controleer of er vreemde voorwerpen en/of vuil zijn blijven vastzitten, want dat kan uw viervoeter pijn bezorgen.

Zorg ervoor dat de voetzolen van de pootjes glad en zacht zijn. Als ze barsten vertonen of een droge afdruk achterlaten, behandel de pootjes dan met vaseline, melkvet of een speciale crème.

Als uw viervoeter extreem lang haar op zijn poten heeft, kan het zinvol zijn om de vacht hier te trimmen. Dit vermindert het risico dat vreemde voorwerpen vast komen te zitten. U kunt ze ook sneller vinden en verwijderen.

Het kan nodig zijn de klauwen van uw Golden Retriever te trimmen als ze niet vanzelf slijten. Je moet hier heel voorzichtig mee zijn, want de klauwen van een hond hebben bloedtoevoer. Als je te veel afsnijdt, zal dat leiden tot bloedingen en pijn. Als u niet zeker bent van het knippen van de klauwen, raadpleeg dan uw dierenarts. Verzorging van de poten is vooral belangrijk in de winter en bij zeer warme temperaturen in de zomer, omdat de poten van honden dan veel te verduren hebben. Er zijn echter een paar dingen die u altijd kunt doen om de poten van uw hond te verzorgen. Houd de vacht aan de poten kort genoeg, zodat er geen klitten kunnen ontstaan. Splinters, kleine steentjes of zelfs mijten kunnen zich daarin ophopen en pijn veroorzaken bij de hond. Er zijn speciale tondeuses met een afgeronde punt, zodat je de hond niet per ongeluk prikt. De voetzolen kunnen ook speciale verzorging nodig hebben als uw hond de neiging heeft droge voetzolen te hebben. In dat geval kunnen er kleine scheurtjes ontstaan die pijn en ontsteking kunnen veroorzaken. Masseer dagelijks een vette pootbalsem in de voetzolen. Dit vormt een beschermende film die voorkomt dat de pads scheuren. Bij extreme temperaturen, of het nu hitte of kou is, kan het nuttig zijn om uw hond schoenen aan te doen. Veel honden moeten hier in het begin even aan wennen, maar dergelijke schoenen kunnen een belangrijke bescherming voor de pootjes zijn.

Een goede controle van de poten moet zeker deel uitmaken van de verzorgingsroutine. Kijk uit naar kleine wondjes en scheurtjes en naar mogelijke vreemde voorwerpen en vuil dat tussen de tenen terecht kan komen. Maak de pootjes regelmatig schoon met lauw water. Dit zal vreemde voorwerpen losmaken die zich ongemerkt kunnen ophopen in de ruimtes tussen de poten.

8. klauwen

Op dit punt, laten we nog eens snel naar de klauwen kijken. Dit gaat niet alleen over verwondingen. Veel eigenaars besteden niet veel aandacht aan dit gebied en dat is misschien niet zo verwonderlijk. De algemene opinie is dat de klauwen van de hond zichzelf inkorten. Hij is veel buiten, ook op harde ondergrond, dus dit zou geen probleem mogen zijn. Maar dit is niet altijd het geval.

Misschien heb je geluk, maar het kan geen kwaad om regelmatig te controleren. Als u vindt dat de klauwen te lang zijn of ingegroeid, kunt u ze inkorten. Het enige probleem zal zijn of uw hond zich stil zal houden tijdens deze procedure. Als je het vertrouwen niet hebt om dit te doen, vraag het dan aan de dierenarts. Hij kan het je laten zien en de volgende keer zul je het zeker zelf kunnen.

Vergeet de wolfsklauw ook niet!

8.1 Doorgesneden klauwen

De beste tijd om de klauwen te trimmen is na een wandeling of na het spelen. Dan is uw hond moe en zal hij deze procedure rustiger ondergaan.

Het trimmen van klauwen bij honden is net zo belangrijk als het trimmen van uw vingernagels. Klauwen groeien voortdurend terug en zullen uiteindelijk te lang worden als ze niet genoeg slijten door beweging.

Bij sommige honden gaat het afslijten van de klauwen automatisch, bij andere niet. Grote en zware honden hebben minder problemen met lange klauwen dan kleine en lichte honden. De hardheid van de klauwen bepaalt ook of ze goed dragen of niet.

De juiste lengte van de klauwen is echter belangrijk voor gezonde poten. Als ze te lang zijn, wordt de bal van de voet naar boven geduwd en kunnen de botten en ligamenten scheef gaan staan. Er is ook een risico dat uw hond zijn klauwen afscheurt of dat ze afbreken. Dit kan leiden tot aanzienlijke pijn. De juiste lengte van de klauwen zorgt ervoor dat de poot van uw hond goed kan rollen en hij kan dan veel beter lopen. En last but not least, uw vloer heeft minder te lijden wanneer uw hond mooie klauwen heeft.

Maar hoe weet je of Fiffi's klauwen te lang zijn? Ze moeten ongeveer twee millimeter van de vloer staan. Dit is moeilijk te meten... neem een stukje papier en probeer het onder de poot tot aan de bal van uw viervoeter te schuiven. Als dat niet lukt, zijn de klauwen te lang en moeten ze worden ingekort.

Nu heb je een beetje handigheid nodig als je de klauwen van je hond zelf wilt knippen. Snij in geen geval te veel af, want dat veroorzaakt bloedingen en uw huisdier zal pijn lijden.

Er zitten bloedvaten in de klauwen. Als de klauwen licht gekleurd zijn, houdt er dan een zaklamp tegenaan en u zult ze duidelijk kunnen zien. Alleen het deel van de klauw dat niet van bloed is voorzien, mag worden afgesneden.

Als de klauwen donker van kleur zijn, is uw enige optie om langzaam met een nagelknipper naar voren te voelen. Snijd steeds minimaal kleine stukjes van de klauw af tot je een kleine zwarte vlek tegenkomt. Dan heb je het bloedvat bereikt en moet je stoppen. U kunt de bloedvaten in de donkere klauw misschien zien met het lampje op uw mobiele telefoon. Zo'n lamp schijnt heel fel. Als u deze procedure vaker hebt gedaan, zult u er in de loop van de tijd een gevoel voor ontwikkelen en automatisch weten hoe ver u de klauwen kunt inkorten.

Denk ook aan de wolfsklauwen aan de achterpoten van je hond. De wolfsklauw is de vijfde teen en komt normaal niet in contact met de grond. Het kan in de huid groeien als het niet regelmatig wordt getrimd. Er is ook een risico op knelpunten.

Laten we nu beginnen met het klauw trimmen. Het eerste wat je moet doen is al het keukengerei verzamelen dat je nodig hebt. Allereerst natuurlijk de klauwschaar en, voor het geval zich een ongelukje voordoet, een stuk zeep of een bloedstelpende kurk voor honden, alsmede een speciale hondensok. U kunt een geschikte bloedstelpende kurk kopen in een speciaalzaak of bij uw dierenarts, en ook op het internet bij de "big A".

Het knippen van de klauwen gaat het gemakkelijkst als uw viervoeter ligt. Als hij een stabiel vertrouwen in je heeft, zal hij kalm en ontspannen zijn. Als u zelf opgewonden bent omdat u de klauwen voor de eerste keer knipt, zal uw hond ook onrustig zijn.

Houd nu zijn poot stevig in je hand. Het is het beste uw werkomgeving te verlichten, zodat u goed kunt zien. Kijk ook door de klauwen van uw viervoeter om de bloedvaten te zien. U mag ook een vergrootglas of tafelloep gebruiken, zodat u alles nog beter kunt zien.

Als uw hond de poot weg wil trekken, houd hem dan stevig vast. Snijd de klauw in een rechte hoek ten opzichte van de groeirichting en slechts een klein stukje per keer, zodat de bloedvaten binnenin intact blijven. Uw klauwentrimmer heeft waarschijnlijk een afstandhouder, maar vertrouw daar niet alleen op, kijk altijd zelf goed.

Als je lieveling de hele procedure rustig heeft doorlopen, prijs hem dan uitbundig en verwen hem met zijn lievelingssnoepjes. Natuurlijk kan het gebeuren, zelfs met de beste praktijken, dat u te ver snijdt. Dat is waarom je de "noodkit" klaar hebt staan. Want als het gebeurd is en de klauw bloedt, moet je snel handelen.

Stop de bloedende klauw in het zachte stuk zeep. Het bloeden zou nu snel moeten stoppen en de zeep vormt een beschermende laag. Trek nu de hondensok over de poot, zodat de zeep eraan blijft plakken. U kunt natuurlijk ook de genoemde bloedstelpende stop gebruiken in plaats van de zeep. Uw viervoeter mag nu ongeveer een week met deze sok rondlopen om de gekwetste klauw te beschermen zodat er geen ontsteking optreedt. Natuurlijk, controleer de conditie van de poot meerdere keren per dag. Als u niet zeker bent, ga dan met uw hond naar een dierenarts. Het is zeker niet gemakkelijk voor amateurs om klauwen te knippen. Het vereist oefening en gevoeligheid. Als u niet zeker weet of u het zelf kunt, vraag dan uw dierenarts om hulp. Tijdens routine-onderzoeken kan hij of zij ook het knippen van de klauwen overnemen. Misschien kan hij het je laten zien en je leren, zodat je voorbereid bent voor de volgende keer.

9. slechts zelden baden

Hoe vind je het om de hond in bad te doen? Er zijn zeer verschillende meningen hier. Er zijn hondenbezitters die veel belang hechten aan het baden van het dier. Onaangename geurtjes verdwijnen en het dier voelt zich beter.

Helaas, zo is het niet helemaal. Een hond is een hond en hij heeft een geur, zoals gewoonlijk. Dat betekent dat baden om het later beter te laten ruiken geen zin heeft. Afgezien van dat, het zal niet lang duren voordat hij weer als een hond ruikt. Dat is heel normaal.

Voor viervoeters met een langere vacht, zoals de Goldie, kan het zinvol zijn ze één keer per jaar te baden. Als u dit vaker wilt doen, gebruik dan alleen helder water. Dit is zeker leuker dan hem telkens weer in te zepen met shampoo.

Je moet hier goed opletten. Gebruik geen gewone shampoo. Tegenwoordig is er een grote keuze aan hondenshampoo die echt op de behoeften van het dier is afgestemd. In de dierenwinkel zult u daar zeker een antwoord op vinden. Als uw viervoeter huidproblemen heeft, vraag dan aan uw dierenarts of het überhaupt zin heeft en zo ja, welk product te gebruiken.

Het volgende is derhalve van toepassing op u als hondenbezitter: Doe uw hond alleen in bad als het moet, en raadpleeg altijd een deskundige als u problemen hebt. Een schuimbad om geurtjes tegen te gaan heeft geen zin en moet goed overwogen worden. Het verzorgen van een Golden Retriever schijnt nogal tijdrovend te zijn. Maar dat is niet het geval. Met een beetje oefening zal het u gemakkelijk afgaan en het kost maar een paar minuten om alles voor elkaar te krijgen. Bepaalde dingen hoeven ook niet elke dag gedaan te worden, zoals baden. Na verloop van tijd ontwikkelt u ook een routine voor het controleren van de klauwen, wat u kan leren dat u niet elke dag hoeft te controleren.

Het is nu belangrijk dat u de verzorging van uw viervoeter nauwgezet uitvoert, maar ook weer niet overdrijft. Het is genoeg als je een paar minuten per dag neemt. Uw Goldie zal ook niet al te veel lusten, want per slot van rekening is hij een hond en hecht hij zeker niet zoveel belang aan een goed uiterlijk als wij soms zouden willen. Een goede wisselwerking van beide kanten is vereist en dat is zeker geen probleem: voor u en uw hond!

10. Ziektekostenverzekering

Natuurlijk willen verzekeringsmaatschappijen winst maken. Daarom betaalt u meestal meer aan verzekeringspremies, gespreid over het leven van de hond, dan de dierenarts u zou kosten. Maar je moet niet zo gemakkelijk een beslissing nemen.

Tenzij u over een creditsaldo beschikt waarmee u zelfs een zeer hoge dierenartsrekening op elk moment kunt betalen, speelt de factor tijd een rol. Een ziektekostenverzekering voor dieren dekt alle kosten al na een paar maanden. Het advies om maandelijks een bedrag te sparen dat overeenkomt met de premie heeft geen zin als uw hond op jonge leeftijd een ernstig ongeluk krijgt. Geen enkel dierenziekenhuis zal ermee instemmen dat u de behandeling in kleine termijnen over 10 jaar betaalt.

Bovendien kunt u de pech hebben dat uw hond ziek wordt en vele dure behandelingen nodig zijn. In deze gevallen is de verzekering vele malen goedkoper. Maar kijk eens goed naar de tarieven.

In de eerste plaats is er het onderscheid tussen een uitgebreide ziektekostenverzekering, een verzekering voor chirurgische kosten en een ongevallenverzekering.

Een uitgebreide ziektekostenverzekering dekt alle noodzakelijke veterinaire kosten, maar meestal slechts een deel van de kosten van inentingen. Sommige maatschappijen dekken geen zuivere onderzoeken, bijvoorbeeld voor een gezondheidscertificaat.

De tarieven zijn relatief duur. Er is gewoonlijk een leeftijdsgrens bij het afsluiten van de polis. In sommige gevallen zijn er maxima voor de prestaties of wordt er een eigen risico per jaar of per diagnose overeengekomen. In de regel is de verzekeringsdekking afhankelijk van de vraag of uw hond bepaalde inentingen heeft gekregen. Bovendien wordt de volledige uitkering meestal pas na een wachttijd betaald. Behandelingen die noodzakelijk worden ten gevolge van een ongeval dat zich na het sluiten van het contract heeft voorgedaan, worden gewoonlijk onmiddellijk door de maatschappij gedekt.

Een operatiekostenverzekering is aanzienlijk goedkoper, maar vaak worden alleen de zuivere operatiekosten gedekt. Sommige tarieven dekken ook de kosten van voor- en nacontroles en van geneesmiddelen. Wachttijden en uitkeringsplafonds zijn ook mogelijk. Het is echter vaak mogelijk een verzekering af te sluiten voor oudere dieren.

Bij een **ongevallenverzekering** dekken de verzekeringsmaatschappijen alleen de behandelingskosten die noodzakelijk worden als gevolg van een ongeval. De tarieven zijn zeer gunstig, er is geen wachttijd en geen leeftijdsgrens.

Opgelet: De tarieflijst voor dierenartsen (GOT) staat toe dat de arts tot driemaal de basiswaarde van een dienst in rekening brengt. Vaak dekken de maatschappijen alleen het enkeltarief. Daarom kan het zijn dat u, zelfs met een volledige verzekering, slechts een deel van de doktersrekening vergoed krijgt.

Wat	Kosten / jaar
Hondenbelasting	100 - 150 Euro
Aansprakelijkheidsverzekering voor hondenbezitters	50 - 100 Euro
Verzekering voor diergezondheid	120 - 300 Euro
Bijdrage hondenclub	50 - 100 Euro
Chuck	1.200 - 2.000 euro
Totaal	**1.520 - 2.650 euro**

11. tips voor acquisitie

✓ Neem contact op met de juiste hondenclub. Deze clubs geven u de namen van gerenommeerde fokkers en plaatsen soms ook volwassen dieren.

✓ Kijk eens op de homepage van de fokkers. Gewoonlijk beschrijven zij ook hun fokdoelen. Neem alleen contact op met fokkers in uw omgeving wier houding ten opzichte van het ras overeenkomt met uw ideeën.

✓ Vergeet niet dat de vraag naar puppies groter is dan het aanbod. U vraagt een van de dieren van de fokker aan. Hij zal het alleen weggeven als hij je vertrouwt.

✓ Word achterdochtig als de fokker de honden verkoopt "als een stuk boter". Hij moet willen weten hoe de hond met u zal leven.

✓ Goede fokkers laten u de pups bezoeken en bieden u ook de mogelijkheid om de moeder te zien. Het hondengezin moet geïntegreerd worden in het gezin van de fokker.

- Bezoek nooit meer dan één fokker op één dag, want je zou ziektes van de ene kennel naar de andere kunnen verspreiden.
- Val niet met de hele familie bij de fokker binnen en neem zelfs geen huisdieren mee. Dit veroorzaakt stress die schadelijk is voor de teef en de pups.
- Kies papier met een kwaliteitslabel van de VDH (Internationale Dachverband) of de SV e.V.. Deze worden alleen gegeven aan honden van fokkers die zich strikt houden aan de regels die zijn vastgesteld voor het welzijn van de dieren.
- Als u een volwassen hond koopt, controleer dan de buren van de verkoper. Het is een slecht teken als de buurt blij is als de hond verdwijnt. Koop niet als je hoort dat de hond je waarschijnlijk gebeten heeft.
- Altijd aandringen op papieren, zelfs bij aankoop van een volwassen dier. Controleer of de chip van de hond hetzelfde nummer heeft als het nummer in de papieren. Iedereen die legaal een golden retriever bezit, heeft op zijn minst een inentingsboekje.

HET JUISTE DIEET

Het is niet altijd zo gemakkelijk om precies te vinden wat het beste is voor uw Golden Retriever. Maar je kunt gerust zijn: Het is hetzelfde voor andere eigenaren met andere hondenrassen.

Ze vragen zich allemaal af of het te veel of te weinig is. Krijgt de hond genoeg voedingsstoffen binnen of niet? U stelt zich al deze vragen ongetwijfeld ook, maar het antwoord daarop zult u zo dadelijk weten. Tegelijkertijd moet u altijd opletten hoe het met uw hond gaat. Als hij ongewoon sloom is en aankomt, moet u zijn dieet aanpassen. Als hij daarentegen vermagert, kunt u hem meer geven, zijn voeding veranderen of naar andere oorzaken zoeken.

Allemaal niet zo gemakkelijk! Daarom kan het al heel nuttig zijn als u precies weet dat uw voeding juist is. Een goede aanpak is alles en helpt veel.

Golden Retrievers, zoals je waarschijnlijk al weet, zijn grote honden. Toch is het belangrijk dat pups niet te veel energie krijgen. Anders groeien ze te snel, wat op zijn beurt een negatief effect kan hebben op hun botten. Het eindgewicht, dat genetisch bepaald is, kan ook te snel bereikt worden. Overgewicht is het gevolg en het skelet van de hond kan beschadigd worden.

Daarom is het belangrijk dat pups voldoende energie binnenkrijgen, in combinatie met mineralen, fosfor en voldoende calcium. Verder moet u altijd letten op voldoende sporenelementen en vitaminen - alles voldoende en goed uitgebalanceerd.

Laat u zich voor de juiste hoeveelheid voer leiden door het gewicht van de pup en wat men verwacht te bereiken. De ouders kennen kan hierbij nuttig zijn. Het is echter ook belangrijk om het activiteitenniveau altijd nauwkeurig te beoordelen, d.w.z. een hond die veel beweging heeft, heeft meer nodig dan een dier met betrekkelijk weinig beweging.

Eetgedrag en spijsverteringsstelsel

U kunt uw hond eenmaal per dag een grote maaltijd of meerdere kleine maaltijden geven. Sommige honden hebben de neiging om hun eten heel snel op te vreten. Hoewel dit in hun aard ligt, kan het problematisch zijn. Voor dergelijke gevallen zijn er speciale kommen met kleine nopjes die het slurpen kunnen voorkomen. Als u meerdere honden houdt, is het heel belangrijk dat elke hond zijn eigen voer- en waterbak heeft. Honden moeten ongestoord kunnen eten. Dit is niet mogelijk indien meerdere honden strijden om één kom. Bovendien kan voedselnijd optreden.

Droogvoer of natvoer?

Zoals zo vaak het geval is, zijn er voor zowel droog- als natvoer voor- en nadelen die voor of tegen het voeren ervan pleiten. In principe bevatten beide soorten voer, als ze als volledig voer worden gedeclareerd, alle noodzakelijke voedingsstoffen, vitaminen en mineralen die een hond nodig heeft. Er zijn echter verschillen in de kwaliteit van de afzonderlijke ingrediënten en de gebruikte voedingsmiddelen, alsmede in de beschikbaarheid van voedingsstoffen en de tolerantie. Uiteindelijk moet u beslissen welke voedingsmethode u het beste lijkt.

Elk in de handel verkrijgbaar kant-en-klaar voer, droog of nat, kan zonder aarzelen aan uw hond worden gegeven. In Duitsland is er zeer streng toezicht op de productie van huisdiervoer. Alleen ingrediënten en bestanddelen die een dier niet schaden, maar wel gezond houden, mogen worden gebruikt. Ook als u leest dat er slachtafval in het voer zit, is dat absoluut niet ongezond voor uw hond, want het is altijd vlees dat ook geschikt zou zijn voor menselijke consumptie. Het zijn gewoon producten die niet meer in de keuken worden gebruikt, maar ooit gemeengoed waren in de voeding. Dus als u de maaltijden van uw hond niet zelf wilt of kunt bereiden, wees dan niet bang om kant-en-klaarvoer uit de winkel te gebruiken.

De meeste honden verdragen droogvoer vrij goed, omdat ze meestal voldoende water opnemen. Het aandeel koolhydraten is echter vrij hoog.

Om productieredenen bestaat 30% van het voedsel uit zetmeel. Honden verteren ook koolhydraten. Het is dus een geweldige bron van energie. Het gevaar bestaat dat honden die veel droogvoer krijgen dik worden zonder ooit vol te zitten.

Omdat het voer niet stinkt, zelfs als het dagen in de kom blijft, laten veel hondeneigenaren droogvoer altijd in de kom liggen. Zodra het leeg is, vullen ze het op. Helaas eten veel honden tot er niets meer in hun maag zit, een erfenis van de wolf. De wolf moest zo handelen omdat hij niet wist wanneer hij een andere prooi zou treffen. Het is dus niet aan te raden om een hond constant toegang tot voedsel te geven.

Het vlezige uiterlijk is bedrieglijk. Gedroogd voedsel is geen gedroogd vlees, maar een gebakje dat gewoonlijk door extrusie wordt vervaardigd. Een machine perst een deeg in een vorm met behulp van hoge druk en stoom. De warmte breekt de koolhydraten af, waardoor ze makkelijker te verteren zijn. Het resultaat zijn kroketten die waarschijnlijk geen hond zou aanraken. Alleen een laagje vet, vitaminen en eiwitten maakt ze interessant voor de meeste honden.

Samenstelling van gedroogde voedergewassen (voorbeeld)

	Goedkoop voer	Speciaal voer
Samenstelling	Granen Vlees en dierlijke bijproducten Plantaardige bijproducten Oliën en vetten Groenten Mineralen	Rijst Gedroogde kip Wortelen Kippenvet Heel ei Raapzaadolie Inuline Lijnzaadolie Gist
Eiwit	19%	24,6 %
Fat	7,5 %	14 %
Ruwe as	7,5 %	5,6 %
Ruwe celstof	3 %	1,3 %

Het hoogwaardige voer bevat aanzienlijk meer eiwitten en vetten. Bovendien weet u welk graan en welk vlees erin zit. Dierlijke en plantaardige bijproducten zijn niet aanwezig in het speciale voeder.

Dus als u droogvoer wilt geven, volg dan precies de dosering en kies een product van hoge kwaliteit.

Thuis gekookt voedsel

Alles wat uw hond echt mag eten, kunt u natuurlijk zelf koken en klaarmaken. Zorg ervoor dat u de maaltijden voor uw trouwe viervoeter niet te veel kruidt, liefst helemaal niet. Bepaalde kruiden zijn schadelijk voor de gezondheid van uw hond, en ook hier geldt: informeer u goed over de ingrediënten van elk voer, zodat uw lieveling niet aan ondervoeding lijdt. Uw dierenarts kan u advies en steun geven.

Droogvoer of natvoer?

U kunt zonder aarzelen conventioneel droog- of natvoer uit de winkel gebruiken. De meeste hondeneigenaren kiezen voor dit soort voer omdat het het gemakkelijkst is. Als u voor droogvoer kiest, moet u altijd vers water beschikbaar hebben, zodat uw hond voldoende vocht kan opnemen. Droogvoer heeft het voordeel dat uw viervoeter zijn tanden moet gebruiken en er dus een natuurlijke cariëspreventie plaatsvindt.

Dit is niet het geval met natvoer, aangezien de brokjes zeer zacht zijn. Hier moet u voor extra kauwartikelen zorgen. Zorg ervoor dat het natvoer een hoog vleesgehalte heeft.

Voor- en nadelen van droogvoer:

Droogvoer is vooral populair omdat het gewoon praktischer is voor de hondeneigenaar. Het is langer houdbaar en gemakkelijk te vervoeren. De reden hiervoor is het zeer lage vochtgehalte. Bovendien is droogvoer gemakkelijk te portioneren en af te wegen en kan het zelfs worden gevoerd in zogenaamde automatische voederautomaten die elke dag automatisch de ingestelde hoeveelheid voer aan de hond verstrekken. Het vereist ook veel minder ruimte voor opslag, wat het bijzonder populair maakt in kleine huishoudens. Bijgevolg is er ook minder verpakkingsafval. En vergeet niet dat droogvoer meestal goedkoper is dan natvoer. Een ander voordeel is dat droogvoer minder troep rond de voerbak veroorzaakt, zelfs als de hond graag morst. De geur van droogvoer is ook veel discreter. Om het voer smakelijk te maken voor de hond, vertrouwen sommige fabrikanten er echter op smaakversterkers toe te voegen. Zoals u wellicht merkt, hebben de voordelen van natvoer meer betrekking op de hondeneigenaar dan op de hond.

De nadelen daarentegen gaan eerder ten koste van de hond. Vanwege het zeer lage vochtgehalte moet u er absoluut voor zorgen dat uw hond voldoende water binnenkrijgt, anders bestaat het gevaar van uitdroging. Dit is zeer belangrijk omdat er anders een risico bestaat op blaasstenen of nierproblemen. Bovendien is droogvoer moeilijker te verteren en kan het zelfs allergieën veroorzaken. De lange houdbaarheid is niet alleen te danken aan het lage vochtgehalte, maar ook aan het hoge gehalte aan conserveermiddelen. Conserveringsmiddelen zijn niet bepaald gezond voor mens of hond en moeten bij het voeren zoveel mogelijk worden vermeden. Een ander probleem is dat droogvoer vaak te weinig vlees bevat en er eerder granen als vulmiddel worden gebruikt.

Voordelen droogvoer

- De eenmaal vastgestelde en goed bevonden hoeveelheid zal constant blijven zolang u uw hondenroutine zoals de intensiteit van de lichaamsbeweging handhaaft.
- Het is ongecompliceerd: Kopen, voeren, klaar. Toevoeging van vitaminen en andere voedingssupplementen is meestal niet nodig.
- Vervoer en opslag zijn zeer eenvoudig, zelfs op vakantie.
- U kunt het rantsoen ook onderweg of tijdens het sporten geven, wanneer de hond geacht wordt zijn eten op te werken.
- Het heeft een lange houdbaarheid.
- Honden met een gevoelige maag worden beschermd door de kleinere maar voedzame porties.

Nadelen droogvoer

- De samenstelling van vlees en vulstoffen zoals granen is voor elke soort verschillend.
- De samenstelling kan niet zelf worden gecontroleerd.
- Het is moeilijk voor u om te reageren op de individuele gezondheidstoestand van uw hond, bv. als hij diarree heeft.
- Veel soorten zijn niet alleen met graan bestrooid, maar bevatten ook suiker, kunstmatige smaakstoffen en smaakversterkers.

✘ De behoefte aan vocht is groter, zodat honden die weinig drinken, moeten worden aangemoedigd om dat wel te doen.

Droogvoer kan opzwellen in de maag en daardoor, onder ongunstige omstandigheden, leiden tot gastritis, waartoe alle grote honden meer aanleg hebben dan kleinere.

Voor- en nadelen van natvoer:

De voordelen van natvoer kunnen gedeeltelijk worden afgeleid uit de hierboven genoemde punten over droogvoer. Zoals de naam al zegt, heeft natvoer een aanzienlijk hoger vochtgehalte en daardoor een positief effect op de vochtbalans van de hond. Natvoer ruikt veel aantrekkelijker voor honden en smaakt hen meestal beter. Het is ook gemakkelijker te verteren. Droogvoer kan voor oudere honden vrij moeilijk te kauwen zijn, terwijl natvoer gemakkelijker te eten is. Honden die een beetje gulzig zijn, geven de voorkeur aan natvoer omdat het in grotere hoeveelheden kan worden gegeten en de maag dus meer vult dan droogvoer. Bovendien is de samenstelling van natvoer in de meeste gevallen beter afgestemd op de diersoort, aangezien het vleesgehalte hoger is.

De nadelen vloeien waarschijnlijk ook voort uit de voorgaande punten. Aangezien grotere hoeveelheden vochtig voeder nodig zijn om in dezelfde energiebehoefte te voorzien, is er enerzijds aanzienlijk meer opslagruimte nodig en anderzijds meer verpakkingsafval. Het is ook korter houdbaar en moet vroeg worden opgebruikt. Natvoer is meestal duurder dan droogvoer.

Nu u op de hoogte bent van de voor- en nadelen van de twee soorten voedsel, kunt u uw kennis verder uitbreiden door te kijken naar de processen die worden gebruikt om ze te produceren. Misschien helpt dit u ook om te beslissen welk voer u uiteindelijk voor uw hond kiest.

Voordelen natvoer

✓ Het smaakt bijna alle honden goed.

- ✓ Natvoer is bijna altijd de goedkoopste optie.
- ✓ Het is makkelijk te kopen en makkelijk op te bergen.
- ✓ Natvoer heeft een houdbaarheid van een halve eeuwigheid.
- ✓ Het vochtgehalte is hoog.
- ✓ Honden met gevoelige tanden kunnen goed op natvoer kauwen.
- ✓ Het kan worden gebruikt als een volledig voeder, d.w.z. dat u verder niets hoeft toe te voegen zoals vitaminen, sporenelementen, enz.

Nadelen natvoer

- ✗ De samenstelling kan niet worden gecontroleerd.
- ✗ Smaakversterkers en kunstmatige aroma's worden steeds vaker aangetroffen in natvoer.
- ✗ Het vleesgehalte varieert naar gelang van de variëteit.
- ✗ Veel honden weigeren andere soorten voedsel als ze eenmaal aan één soort gewend zijn.
- ✗ Als uw hond bijvoorbeeld allergisch is, kan de samenstelling van het voer niet individueel worden aangepast.

De productie van gedroogde voedergewassen:

De meeste fabrikanten van droogvoer verhitten eerst de afzonderlijke ingrediënten. Dit maakt ze duurzamer en gemakkelijker te verwerken. Fabrikanten van droogvoer van hoge kwaliteit maken ook gebruik van koude persing. Het voordeel hiervan is dat door verhitting minder voedingsstoffen verloren gaan.

De ingrediënten worden in een verder proces gemengd en de vloeistof, voor zover nog niet gebeurd, wordt geëxtraheerd. Zo ontstaat een meelachtige massa, die in de volgende stap wordt geperst tot de voederbrokken die u aan het eind in de kom doet. Tijdens het persen wordt het voedermeel nogmaals verhit om ervoor te zorgen dat het zijn vorm behoudt.

Bij deze processen verliezen de meeste ingrediënten hun aroma en smaak. Om ervoor te zorgen dat de hond het voer uiteindelijk opeet, is het gebruikelijk aroma's aan de afgewerkte brokken toe te voegen. De verloren vitaminen en mineralen worden naderhand ook aan de buitenkant van de brokken toegevoegd, zodat de informatie in de voedingswaardetabellen van de afgewerkte verpakking aantrekkelijk is. Het is echter de vraag hoe goed deze voedingsstoffen door de hond kunnen worden gemetaboliseerd.

De productie van vochtig voeder:

Bij de productie van natvoer zijn minder stappen nodig. De afzonderlijke ingrediënten worden meestal voorgekookt, maar onder veel minder hitte dan bij droogvoer. Als het natvoer grote afzonderlijke delen bevat, worden deze fijngehakt tot een voedermassa die gemakkelijk kan worden geportioneerd. Verdere toevoegingsmiddelen in de vorm van geleermiddelen, vitaminen en mineralen worden gewoonlijk ook aan deze voedermassa toegevoegd. Nadat het voer in de afgewerkte verpakking, bijvoorbeeld blikken of trays, is afgevuld, wordt het opnieuw verwarmd om het voer langer houdbaar te maken.

Vlees, vis of veganistisch?

Dit is een vraag die veel hondeneigenaren zich stellen, maar er is niet één juist antwoord. Honden zijn zowel carnivoren als omnivoren. Theoretisch is het dus mogelijk een hond een vleesloos dieet te geven. Een zuiver veganistisch dieet is echter zeer complex en mag alleen in overleg met een dierenarts worden gevolgd. Hiervoor hebt u een strikt dieetplan nodig dat consequent moet worden gevolgd. Het is een feit dat honden graag vlees eten. De meeste honden houden ook van vis, dat is ook een zeer goede bron van eiwitten.

Je weet zeker dat een hond een carnivoor is. Intussen is hij echter, dankzij de evolutie en domesticatie, een omnivoor geworden. U kunt uw viervoeter zelfs een veganistisch of vegetarisch dieet geven. De aminozuren die belangrijk zijn voor het lichaam van de hond, worden verkregen uit het vleesgedeelte van het voer. Deze aminozuren kunnen echter ook afkomstig zijn uit veganistisch of vegetarisch voedsel. Het belangrijkste is dat het voer alle vitaminen, mineralen en andere voedingsstoffen bevat die uw hond nodig heeft om gezond te leven. Waar deze uiteindelijk vandaan komen is totaal irrelevant.

In de winkels zijn kant-en-klare menu's op veganistische of vegetarische basis verkrijgbaar. Volgens sommige tests zijn deze echter niet per se aan te bevelen. Trouwens, dit geldt ook voor kant-en-klare barf menu's. U hebt echter de mogelijkheid om zelf maaltijden voor uw hond samen te stellen en te bereiden. Raadpleeg echter vooraf uw dierenarts of een voedingsdeskundige voor honden en laat deze een voedingsplan opstellen dat is afgestemd op de individuele behoeften van uw hond. Als u niet precies weet hoeveel ingrediënten welk levensmiddel bevat, kunnen er snel gebreksverschijnselen optreden.

De mogelijkheid van BARFing

Nu zijn er verschillende manieren van voeden. Terwijl sommigen volledig vasthouden aan het voeren van droog voedsel, houden anderen van BARFing. Heb je er nog niet van gehoord? Dan is het de moeite waard om het nu uit te zoeken.

Beslis of het iets voor u en uw hond kan zijn. Om dit beter te kunnen belichten, zullen de voor- en nadelen zeker helpen.

Maar wat is BARFing eigenlijk? Het beschrijft de rauwe voeding van de hond, die biologisch is en aangepast aan de soort. De term komt uit het Engels en staat voor "bones and raw food". De basis voor BARFing is het eetgedrag van wolven. Rauw vlees, maar ook vis, graten en orgaanvlees staan op het menu.

Niet alleen dat moet voldoende gevoed worden. Even waardevol zijn groenten, fruit, diverse oliën en ook granen.

Het is belangrijk om op dit punt te zeggen dat veel mensen denken dat BARFing zich alleen richt op rauw vlees. Dit is echter niet het geval, het gaat veeleer om rauw voedsel in het algemeen.

Maar wat zijn de voor- en nadelen?

Voordelen:

- ✓ Het gebit van uw hond zal verbeteren
- ✓ De lichamelijke geur gaat omlaag, wat veel hondenbezitters zeker zal bevallen.
- ✓ De vacht van de viervoeter glanst prachtig op een natuurlijke manier
- ✓ De conditie neemt toe, wat betekent dat uw hond meer energie zal hebben en nog meer kracht zal ontwikkelen
- ✓ Honden die geplaagd worden door allergieën zullen minder problemen hebben met dit dieet. Vaak worden deze onverdraaglijke stoffen alleen veroorzaakt door bewaring en verdere verwerking.
- ✓ Schadelijke additieven, smaakversterkers en kleurstoffen zullen hier niet meer voorkomen.
- ✓ Ziekten van welke aard dan ook komen beduidend minder voor bij dieren die met BARFing zijn gevoed. Het kan ook helpen om klachten te verbeteren waarvoor u anders geen oplossing zou hebben gevonden.
- ✓ Het eten is vers.
- ✓ De meeste honden houden van vers vlees.
- ✓ U hebt de volledige controle over wat uw hond eet en kunt dit individueel aanpassen, bijvoorbeeld in geval van zwangerschap en vele ziekten.
- ✓ Barfers gebruikt geen vulstoffen, conserveringsmiddelen of kunstmatige smaakstoffen.
- ✓ Er is veel meer variatie in het voedingsschema.

Maar laten we nu ook eens kijken naar de nadelen. Houdt u er rekening mee dat er nog steeds zeer weinig wetenschappelijk bewijs is voor zowel de voordelen als de nadelen.

Nadelen:

- ✗ Ondervoeding staat vaak bovenaan de lijst van critici, die ook zeer ernstig moeten worden genomen.

- Eenzijdigheid sluipt er snel in. De rantsoenen worden door u bepaald en samengesteld. Helaas kan niemand u vertellen of dit allemaal juist is. Helaas zijn er geen tafels zoals die op het kant-en-klare eten. Het evenwicht moet altijd in het oog worden gehouden.
- Er kunnen tekorten aan vitaminen, mineralen of zelfs sporenelementen optreden die op het eerste gezicht niet zichtbaar zijn. Er is een voortdurende aanpassing nodig, die als leek niet zo gemakkelijk te maken is.
- Voor BARFing moeten afspraken worden gemaakt met een dierenarts, maar slechts weinig eigenaren doen dit ook daadwerkelijk. Het is een extra inspanning die niet zonder meer kan worden afgewezen.
- Micro-organismen kunnen zich vermenigvuldigen, wat heel normaal is in rauw vlees. Bacteriën kunnen alleen volledig worden tegengehouden door te koken, maar dat is niet het geval bij BARF.
- De kans op het uitbreken van ziekten is vrij groot (dit kan tot een minimum worden beperkt door het product in te vriezen).
- Barfing vereist informatie en kennis die je moet verwerven. Je inlezen of naar de barfshop van je keuze gaan is een must!
- Deze voedingsmethode is tijdrovend omdat u verse groenten raspt of kookt en elke maaltijd wordt samengesteld.
- De kosten zijn hoger dan het gemiddelde droog- of natvoer, zelfs aanzienlijk als u goedkoop kant-en-klaarvoer koopt.
- Bij onjuiste opslag kunnen eventueel aanwezige ziektekiemen zich verspreiden.

U kunt alleen zelf uitvinden of BARFing iets voor uw hond is. Er zijn dieren die er helemaal niet blij mee zijn. Er moet ook rekening worden gehouden met de inspanning die dit vergt.

Beslis rustig en zoek samen met uw viervoeter uit of u eraan wilt beginnen, ermee door wilt gaan of het wilt beëindigen. Het is in ieder geval een optie waarvan de voor- en nadelen moeten worden afgewogen.

Barven wordt steeds populairder, hoewel het veel tijd in beslag neemt. Hier worden bijna uitsluitend rauwe ingrediënten gevoerd. Maar je moet er wel op voorbereid zijn, want het is niet voor iedereen weggelegd om met rauw vlees en slachtafval om te gaan. U moet ook nadenken over opslagmogelijkheden. Hiervoor moet een aparte koelkast of vriezer beschikbaar zijn.

Bij barfing gaan rauw vlees, graten, vis en orgaanvlees in de kom. Bovendien worden ongekookte groenten en fruit aangeboden, maar in bepaalde gevallen moeten zij worden gekookt. Als dat nodig is, worden speciale voedingssupplementen en graanproducten toegevoegd om ervoor te zorgen dat aan de voedingsbehoeften wordt voldaan. De verschillende ingrediënten moeten precies worden afgewogen, dus barften is niet per se makkelijk.

Er is echter ook de mogelijkheid om in gespecialiseerde winkels kant-en-klare barfmenu's te kopen. De beoordelingen hier zijn echter niet altijd even goed. De term BARF staat voor "Biologically Appropriate Raw Food". BARF-voeding wordt rauw gevoerd en niet gekookt of op een andere manier verhit. Het voordeel hiervan is dat veel gevoelige voedingsstoffen niet beschadigd of vernietigd worden door verhitting. Men verwijst naar de oorsprong van de hond en probeert de natuurlijke manier van eten na te bootsen. Een BARF dieet hoeft niet ingewikkeld te zijn. Tegenwoordig bieden veel fabrikanten zogenaamde "complete menu's" aan die als complete voeding kunnen worden gebruikt. Je kunt de meeste BARF-voedingsmiddelen bevroren krijgen en ze dan thuis ontdooien. Dus je zou genoeg ruimte in de vriezer moeten hebben. Het is goedkoper dan de kant-en-klare BARF menu's als je het voer zelf samenstelt. Maar als u dit doet, moet u zich zeker in detail vertrouwd maken met deze vorm van voeding. Hier vindt u nuttige informatie over hoe u honden met verschillende aandoeningen kunt omschakelen naar het BARF dieet. Het is belangrijk onderscheid te maken, want niet elke hond heeft dezelfde behoeften. We beginnen met puppies en jonge honden, gevolgd door gezonde volwassen honden, oudere honden en tenslotte honden met een gevoelige maag.

Barfen is erg populair geworden. Veel hondeneigenaren zijn ervan overtuigd dat dit de meest natuurlijke manier is om een hond te voeden. BARF betekent "biologisch soort-geschikt rauw voedsel". Andere baasjes willen gewoon weten wat er in de voerbak van hun hond terechtkomt, zonder zich zorgen te hoeven maken over de ingrediënten. Weer anderen hebben een hond met een voedselallergie. In dit geval kan de maaltijd individueel aan deze ziekte worden aangepast om juist die voedingsmiddelen te vermijden die een allergie opwekken.

De hond stamt af van de wolf en het is daarvan dat barfen is afgeleid. Een wolf in het wild jaagt en doodt wild. Het eet het als het ware op, met huid en haar en alles erin. De organen zoals het hart, de lever, de nieren en de maag, met inbegrip van hun inhoud, worden ook gegeten. Dit evenwichtige "gemengde dieet" voorziet de wolf van alle nodige vitaminen, mineralen en sporenelementen.

Dit dieet moet nu op de hond worden overgebracht. Er zij echter op gewezen dat de spijsvertering van de hond zich in de loop van zijn evolutie en de domesticatie door de mens heeft aangepast aan zijn levenswijze. Daarom is een rechtstreekse vergelijking met de wolf niet meer per se mogelijk.

Terug naar het kotsen: U wilt uw trouwe viervoeter kennis laten maken met dit dieet. Maar je stuurt hem zeker niet het bos in om op een hert te jagen. Nee... U gaat naar een supermarkt of diervoederwinkel om de juiste ingrediënten te kopen.

Een Barf maaltijd bestaat voornamelijk uit rauw vlees. Maar wees voorzichtig: gebruik nooit rauw varkensvlees. De reden hiervoor zult u leren in het volgende hoofdstuk "Wat hoort er niet in de schaal? Gebruik hoofdzakelijk spiervlees van rund, kalf, paard, gevogelte of lam. Het binnenste en de botten mogen niet ontbreken. Er wordt ook een bepaalde hoeveelheid plantaardig voedsel gebruikt. Een dergelijk rantsoen wordt alleen aangevuld met de belangrijkste additieven om te voorzien in ontbrekende mineralen en vitaminen.

De moeilijkheid is om al deze ingrediënten in een evenwicht te brengen dat goed is voor de hond. Men mag niet vergeten dat elke hond andere en zeer individuele behoeften heeft. Bij elke BARF-maaltijd moeten de ingrediënten precies worden afgewogen, zodat de ingrediënten, vitaminen en alle noodzakelijke mineralen in voldoende hoeveelheden aanwezig zijn. Dit is de enige manier om mogelijke gebreksverschijnselen te voorkomen. Deze worden snel voorgeprogrammeerd als u zich niet houdt aan een door de dierenarts voorgeschreven dieetplan.

Een Barf-maaltijd bestaat tot 80% uit vlezig voedsel. Het gaat hierbij niet alleen om spiervlees, maar ook om pens, orgaanvlees, bladmaag, kraakbeen, beenderen met vleesafsnijdsels en vis. Vlees levert eiwitten (aminozuren), mineralen en vetten.

Het orgaanvlees van een maaltijd wordt opgediend met maag, hart, nieren, lever en longen. Dit levert belangrijke mineralen en vitaminen. Lever mag echter slechts in kleine hoeveelheden worden gevoerd, omdat er anders een overaanbod aan vitamine A kan ontstaan, wat tot gezondheidsproblemen kan leiden.

De botten zorgen voor de aanvoer van calcium en bepaalde mineralen, alsmede sporenelementen. Zij dienen ook tot op zekere hoogte voor tandverzorging. Het is het beste om beenderen van runderen of lammeren te gebruiken. U kunt ook geweien, kippennekken, pezen en zelfs complete ledematen met vacht als kauwartikelen aanbieden. Toegegeven, dit is misschien een beetje ongewoon. U moet bereid zijn dit uit eigen overtuiging te doen en dan te aanvaarden dat een poot met vacht van een ander dier op de voederplaats van uw hond ligt. Niet iedereen vindt dit leuk.

Ongeveer tot 30% van het barf rantsoen bestaat uit plantaardig voedsel. Groenten en fruit zijn belangrijk om uw hond te voorzien van vezels, vitaminen, mineralen en koolhydraten. De aangeboden groenten moeten altijd gepureerd zijn, zodat uw trouwe viervoeter ze beter kan verteren. Spinazie, venkel, courgettes, komkommers, pompoen, selderij, snijbiet en wortels zijn allemaal goede keuzes. Alle soorten aardappelen moeten altijd worden gekookt. Aangeboden fruit kan overrijp zijn. U moet de pitten verwijderen en het fruit pureren. U kunt peren, appels, bananen, abrikozen en mango's voeren. Het aandeel fruit mag niet groter zijn dan het aandeel groenten. Wat niet in de kom mag, komt u in een later hoofdstuk te weten. Elk barfrantsoen moet worden bereid met bepaalde oliën, zodat uw viervoeter in vet oplosbare vitaminen kan opnemen en voorzien blijft van essentiële vetzuren. Je kunt ook verschillende oliën met elkaar combineren. Zalmolie, saffloerolie, kokosolie, hennepolie of lijnzaadolie zouden hier mogelijk zijn. Al deze soorten moeten idealiter koud worden geperst. Er kunnen ook verschillende kruiden worden gebruikt. Ze zijn niet absoluut noodzakelijk, maar ze vormen een uitstekende aanvulling. U kunt kleine hoeveelheden brandnetels, peterselie of waterkers aan Fiffi's kom toevoegen. Honden vinden zuivelproducten erg lekker, ook al worden ze eigenlijk niet zo goed verdragen, omdat alle honden lactose-intolerant zijn en de lactose die ze bevatten niet kunnen verteren. U kunt echter kleine hoeveelheden kwark, kwark of natuurlijke yoghurt aan de maaltijd van uw viervoeter toevoegen.

Eieren maken van tijd tot tijd ook deel uit van het kotsdieet. Deze moeten echter alleen gekookt worden opgediend. U mag ook de schil aanbieden, maar gelieve deze voor het eten zeer fijn te malen om verwonding van de maag of de darmen te voorkomen.

Zoals reeds gezegd, kan zelfs een barfmaaltijd niet zonder additieven. Hier worden bepaalde vitaminen-mineralenmengsels gebruikt, waarover uw dierenarts u uitleg en informatie zal geven.

De overeenkomstige hoeveelheid voedsel kan slechts als algemene regel worden gegeven. Een volwassen hond in goede gezondheid krijgt per dag ongeveer drie procent van zijn lichaamsgewicht aan voer. Dus als uw hond 30 kg weegt, moet hij 0,9 kg vers voer per dag krijgen. Er moet echter ook rekening worden gehouden met het activiteitenniveau en de huidige voedings- en gezondheidstoestand. Ook andere factoren zijn van belang bij de berekening van de juiste hoeveelheid voedsel.

Dit klinkt allemaal erg ingewikkeld, maar dat is het eigenlijk niet. Het belangrijkste is dat je dit onderwerp voldoende behandelt. Raadpleeg ook een dierenarts of een voedingsdeskundige voor honden om een voedingsplan voor uw trouwe viervoeter op te stellen. Als leek kun je hier veel fouten maken en dan je hond eerder schaden dan goed doen. Bovendien moet u regelmatig met uw hond naar de dierenarts gaan, zodat deficiëntieverschijnselen tijdig kunnen worden herkend en de voeding dienovereenkomstig kan worden aangepast. Bovendien moet het voedingsplan zelf steeds opnieuw worden gecontroleerd en zo nodig worden aangevuld.

Barven heeft misschien veel voordelen, maar ook evenveel nadelen waar je je bewust van moet zijn. In vergelijking met kant-en-klaar voedsel vergt de bereiding een aanzienlijk grotere inspanning. Je moet hier veel tijd voor uittrekken. Bovendien kunnen er snel deficiëntieverschijnselen optreden als het rantsoen niet nauwkeurig is samengesteld. Voer niet te veel botten, anders ontstaat er botontlasting, wat pijnlijk is voor de hond. Bij de verwerking van rauw vlees moet een zeer goede hygiëne in acht worden genomen, anders kunnen ziektekiemen en ziekten zich verspreiden. U moet het voor uw hond bestemde vlees niet bij uw eigen voedsel bewaren en alleen de benodigde hoeveelheid ontdooien. Een gebraakte hond kan een potentiële drager van ziektekiemen zijn. Daarom mogen zwangere en oudere personen, alsmede kinderen, niet permanent in de buurt van deze hond komen. Hij mag ook niet gebruikt worden als therapiehond. Barfing is dus echt alleen aan te bevelen met een zeer goede voorbereiding.

BARF voor pups en jonge honden

Het omschakelen van een puppy naar een BARF-dieet is meestal geen probleem. De puppy zal nog niet gewend zijn aan een bepaald soort voeding. In het beste geval kunt u de fokker vragen de pup aan vlees te laten wennen voordat hij wordt weggegeven. Reeds in de eerste dagen kan de puppy vlees eten, alsook kleine hoeveelheden pens, orgaanvlees en groenten. Vanaf de tweede of derde maand zou hij ook botten moeten kunnen verdragen, hoewel het beter is ze in gehakte vorm te geven. Voor zeer jonge honden moet u het voer zo fijnhakken dat het voor de pup onmogelijk is het door te slikken.

BARF voor volwassen honden

Hoewel het in de meeste gevallen zelfs mogelijk is om een gezonde volwassen hond in een veel kortere tijd op een BARF-dieet om te zetten, geef uw hond met behulp van dit plan vijf dagen de tijd. Dit wordt aanbevolen, indien mogelijk, omdat het de maag van uw hond wat meer tijd geeft om zich aan te passen aan het hogere vet- en vleesgehalte van BARF. Vooral honden die voorheen droogvoer kregen, kunnen wat meer tijd nodig hebben, omdat hun maag gewend is aan grote hoeveelheden koolhydraten, maar niet aan vlees of vet. Botten zijn ook moeilijk te verteren en kunnen leiden tot zogenaamde botuitwerpselen. Deze uitwerpselen zijn zeer hard en kunnen pijn veroorzaken wanneer ze worden uitgescheiden.

Veel hondeneigenaren vinden het verstandig om bij het wisselen van voer eerst het oude voer te mengen met BARF. Dit kan echter leiden tot spijsverteringsproblemen en wordt niet aanbevolen. Geef de eerste BARF-maaltijd 's avonds, nadat de hond 's morgens heeft gevast en 's middags. Deze eerste maaltijd moet voor ongeveer 80 % uit rundspiervlees en voor 20 % uit groenten bestaan. Kies voor licht verteerbare groenten, zoals geraspte wortelen. Als u het zekere voor het onzekere wilt nemen, kunt u het voedsel op de eerste dag ook kort met heet water doorbakken om het verteerbaarder te maken. Op de tweede en derde dag, als de hond geen problemen heeft, kunt u wat runderpens en bladmaag toevoegen. Als de hond gevoelig is, laat dan de pens en de bladmaag weer weg en schroei het voedsel met kokend water. Op de vierde en vijfde dag, voeg orgaanvlees toe aan het voedsel. Slachtafval mag slechts in kleine hoeveelheden worden gevoerd. Daarnaast kan de voeding worden aangevuld met een ander soort vlees en groenten. Pas vanaf de tweede week mogen zachte beenderen, zoals kippennekken, in het dieet worden opgenomen, omdat deze moeilijker te verwerken zijn.

BARF voor honden met een gevoelige maag

Bij bijzonder gevoelige honden is het altijd zinvol om het dieet toch al samen met een dierenarts samen te stellen. BARF-voeding kan eerst gekookt worden gevoerd. Dan zijn ze niet meer rauw, maar lichter verteerbaar en beter verteerbaar.

BARF voor oudere honden

Bij oudere honden kan het lichaam wat meer tijd nodig hebben om aan een BARF-dieet te wennen. Ook moeilijk verteerbaar voedsel, zoals botten, kan minder goed verteerd worden. Ondersteun uw hond door hem gehakte botten te voeren. Fijngehakte borstbeenderen, lamsbotten of kippennekken zijn geschikt om ervoor te zorgen dat uw hond voldoende calcium binnenkrijgt.

Veganistisch dieet

Dit klinkt misschien vreemd: honden zijn geen volledige carnivoren, ook al denken we dat graag. Zij kunnen voedingsstoffen halen uit dierlijke stoffen, maar ook uit plantaardige stoffen. Alleen vlees zou niet goed zijn voor onze viervoetige vrienden.

Dit betekent dat een veganistisch dieet zeker mogelijk is, maar dat er ook aandacht moet worden besteed aan voldoende stoffen zoals vetten, eiwitten, koolhydraten, vitaminen en mineralen. Deficiëntieverschijnselen mogen in geen geval het gevolg zijn.

Eiwit is belangrijk en onmisbaar voor de stofwisseling. Als er hier een tekort is, gaat dit ook maar langzaam.

Voedsel voor de hond dat echt veganistisch is, bevat absoluut geen toevoegingen van dieren. Dit betekent dat u geen additieven van dierlijke oorsprong, vlees, vis, eieren en dergelijke op de lijst van ingrediënten zult aantreffen. Het zijn veeleer toevoegingen zoals groenten en fruit, maar ook aardappelen en rijst. Maar niet te vergeten zijn vitaminen en mineralen, zoals reeds kort beschreven. In ieder geval moet dit ook op de ingrediëntenlijst vermeld staan om echt een goed voer voor uw hond te hebben.

Als u niet volledig op veganistisch wilt overschakelen, kunt u uw hond zeker kwark geven. Dit is toegestaan en bevordert ook de opname van eiwitten, wat meer dan belangrijk is. Bij een zuiver veganistisch dieet is het niet altijd zo gemakkelijk om alles in voldoende hoeveelheden te leveren.

Als het tekort er eenmaal is, kost het tijd en veel energie om het aan te vullen. Dit is zeker alles behalve goed en gezond voor je Goldie. Let hier heel goed op!

Verre van ingrediënten en co.: Waarom zou u uw hond überhaupt een veganistisch dieet geven? Als u zich deze vraag stelt, bent u zeker niet de enige. Er zijn zeker redenen die er voor spreken. Er zijn ook honden die niet op een andere manier kunnen worden gevoed omdat zij reeds bestaande aandoeningen hebben die deze vorm van voeding gewoon noodzakelijk maken.

Een veganistisch dieet voor een hond is dus heel goed denkbaar en haalbaar. Er zijn viervoeters die allergisch zijn voor vlees en voor wie de voeding dus moet worden aangepast. Maar misschien bent u zelf ook veganist en wilt u uw hond op dezelfde manier voeden. In principe maakt het niet uit uit welk voedsel de benodigde voedingsstoffen komen, het is alleen belangrijk dat ze in de juiste samenstelling en in de juiste hoeveelheid worden toegediend, zodat er geen gebreksverschijnselen ontstaan. Raadpleeg uw dierenarts of een voedingsdeskundige voor honden voor informatie, zodat een geschikt voedingsplan kan worden samengesteld. Zware keramische kommen zijn trouwens smaakloos en geven geen giftige stoffen af als het glazuur voedselveilig is. Roestvrij staal is te licht en kan, afhankelijk van de samenstelling, smaken en zelfs zware metalen afgeven. Plastic geeft meestal weekmakers af en is moeilijk schoon te maken.

Onze kommen zijn extra keramisch. ®

1. allergie voor hondenvoer

Er zijn eigenaars die alles geprobeerd hebben. Elk hondenvoer dat je ergens kan kopen, is geprobeerd. In het begin ging alles goed, maar toen kwamen de bekende klachten terug. De allergie begon opnieuw en de toestand van de Goldie verslechterde.

De verandering werd aarzelend doorgevoerd, maar het heeft geholpen: alles gaat nu beter met het veganistische dieet. Er zijn zeker honden die beter tegen zulk voedsel kunnen. Dit is een absoluut pluspunt voor het veganistische dieet en hondeneigenaars willen op dit moment niet meer zonder.

2. ethische redenen

Maar het zijn niet altijd de allergieën van de viervoeters die deze voeding belangrijk maken. Zelfs als men massaal wil stoppen met de landbouw veeteelt, kan veganistische voeding een optie zijn. Op die manier sta je achter je mening en kun je iets doen voor je denken. Op die manier steunt u het dierenwelzijn op lange termijn.

Op dit punt moet echter ook gezegd worden: Als dit de reden is, denk dan altijd aan lid 2 van de Dierenwelzijnswet. Hierin staat dat een hond moet worden gevoed naar zijn behoefte, en dat is meestal vlees.

Dus als er alleen ethische redenen zijn, moet u nog eens goed nadenken of het wel een permanente oplossing is of dat er niet nog alternatieven zijn. Laten we ook hier eens kijken naar de voor- en nadelen.

Voordelen:

- ✓ Voedsel van veganistische aard wordt zeer gemakkelijk verteerd door uw lading. Dus als u een hond hebt die veel moeite heeft met de spijsvertering, kan dit een alternatief zijn. Maar dit zal worden bepaald door uw dierenarts. Maagklachten die kortstondig optreden zijn zeker nog geen reden als ze snel weer overgaan. Als dat niet het geval is, kan een gesprek helpen om iets aan de voeding te veranderen.
- ✓ Zoals reeds gezegd, hebben honden die veganistisch worden gevoed, aantoonbaar minder allergieën om mee te kampen. Ze worden geminimaliseerd of komen helemaal niet voor. In dit stadium is het echter ook belangrijk te bewijzen dat de allergie werkelijk verband houdt met het voedsel. Er zijn goudvissen die toch al dergelijke problemen hebben, maar die worden niet veroorzaakt door de voeding. In dit geval helpt een veganistisch dieet niet noodzakelijk veel. Allergieën komen helaas veel voor bij dit hondenras. Een aanwijzing voor het dieet zou kunnen zijn dat uw hond nauwelijks een vleessoort kan verdragen, welke u ook probeert. Telkens weer reageert hij negatief en zijn er tekenen die je helemaal niet leuk vindt.
- ✓ Vermindering van het gewicht kan zeker een gevolg zijn. Ook al klinkt het veel: het is bewezen dat elke tweede hond in Duitsland te veel weegt. Natuurlijk, dit omvat zelfs licht overgewicht. Daardoor kunnen echter ook ziekten zoals diabetes ontstaan. Als uw hond te veel vet op zijn ribben heeft, kan een veganistisch dieet een alternatief zijn om gewichtsverlies tegen te gaan. Zelfs een verandering op korte termijn kan succes opleveren.
- ✓ Onderzoek heeft aangetoond dat een dieet zonder vlees de ontsteking in het lichaam kan verminderen. Natuurlijk zijn de

meeste van deze studies gedaan op mensen. Het is dus niet helemaal duidelijk of het hetzelfde effect heeft op honden. Maar als uw Goldie een dergelijke aandoening en symptomen heeft, is het zeker een optie om te proberen. Het is beter dan permanent naar medicatie te grijpen.
- ✓ Ook al is het reeds kort vermeld, het moet in ieder geval bij de voordelen worden vermeld. Als u zelf vaak campagne voert voor het welzijn van dieren en helemaal niet van de fabriekslandbouw houdt, kunt u op deze manier een belangrijke bijdrage leveren. De gezondheid van uw dier moet echter altijd belangrijk zijn, maar als u zich hier altijd voor inzet, zult u dit zeker in gedachten hebben en precies weten wat goed is voor uw viervoeter.

Laten we nu ook eens kijken naar de *nadelen, die* ondanks alle goede gedachten en gezondheidsaspecten niet mogen worden genegeerd.
- ✗ Het wordt problematisch als uw hond al weet hoe hij vlees moet eten. Een verandering midden in het leven is niet alleen moeilijk, maar op den duur ook nauwelijks beheersbaar. Als uw hond graag een carnivoor was, zal het moeilijk zijn hem te laten wennen aan het gladde tegendeel. Je bedoelt het misschien goed, maar niet elke hond begrijpt het op dezelfde manier. Het vergt dus veel geduld en alleen de tijd zal leren of het lukt. In zo'n geval is er geen verandering van de ene dag op de andere.
- ✗ Het is niet gemakkelijk om voor de juiste samenstelling van het voedsel te zorgen. Dit doet u alleen en het vergt veel ervaring en deskundigheid. Vooral in het begin van het nieuwe dieet is dit niet vanzelfsprekend en moet er geoefend worden. Het is belangrijk om elke dag voor een evenwichtige voeding te zorgen. Dit is nauwelijks mogelijk zonder deskundige hulp en advies. Vertrouw alstublieft niet alleen op tabellen en goede woorden van het internet. Het kan ook zijn dat het geen zin heeft om meteen volledig over te stappen. Het motto hier is stap voor stap, maar dit vergt veel

organisatie. Niet iedere eigenaar heeft het geduld of de nodige tijd.
- Groeiende Goldies hebben vooral veel belangrijke voedingsstoffen nodig. Alleen zo kunnen zij opgroeien zonder tekortkomingen en het aan niets ontbreken. Het evenwicht van de voeding is hier bijzonder belangrijk en het kan ernstige gevolgen hebben voor de toekomst en de groei indien er een permanent gebrek aan voedingsstoffen is. Schakel hier nooit over op een zuiver plantaardige voeding, maar zorg altijd voor een gemengde voeding. Al het andere is niet evenwichtig ten aanzien van de ontwikkeling en groei van een jonge hond of komt later vaak met een negatief verloop naar voren.
- Er is nog steeds onvoldoende bewijs dat het veganistische dieet echt "goed" is. Wetenschappelijke tests en onderzoek worden steeds opnieuw uitgevoerd, maar zijn nog lang niet voldoende om een sluitend beeld te krijgen. Dit dieet valt dus onder de eigen verantwoordelijkheid en moet zorgvuldig worden overwogen.

Je beslissing is genomen! Je wilt het veganistische dieet proberen. De redenen doen er nu niet toe. Je hebt de keuze gemaakt en je bent klaar om te gaan. Dan kunnen de volgende tips u zeker helpen en u laten zien waar u vooral op moet letten.

Tip 1: Overleg met de dierenarts

Vanuit medisch oogpunt kent niemand uw hond beter dan de dierenarts, idealiter al sinds hij klein was. Hij weet of uw viervoeter noemenswaardige allergieën heeft die ook een dergelijk dieet zouden kunnen ondersteunen. Maar dat niet alleen: het gewicht en ander gedrag, alsmede vroegere ziekten spelen ook een rol en kunnen beter door de arts dan door de hondenbezitter worden beoordeeld.

Hier is het belangrijk om echt het gesprek te zoeken. Als u er al een tijdje last van heeft, is het jaarlijkse bezoek aan de dierenarts een goed moment om dit te doen. Het is misschien niet nodig om tussendoor een afspraak te maken, tenzij uw hond natuurlijk gezondheidsproblemen heeft die u op die manier weer onder controle wilt krijgen.

Tip 2: Volledige voeding

Voor een goed en veganistisch dieet is een volledige voeding het beste. Niet elke dag iets nieuws, maar altijd alleen dit. Dit bevat alle voedingsstoffen die uw hond nodig heeft en die ook in de EU worden voorgeschreven.

Het is belangrijk dat alle voedingsstoffen die uw hond nodig heeft op dit voer vermeld staan. Als u dan altijd dezelfde complete voeding blijft gebruiken, doet u alles goed en kunt u in dit opzicht aan de veilige kant zijn.

Tip 3: Trage omschakeling

Zoals reeds gezegd, is het belangrijk de verandering zo langzaam mogelijk te doen verlopen, niet van de ene dag op de andere en zeker niet onder druk. Het heeft tijd nodig! Het kan vooral moeilijk zijn als uw hond al een carnivoor was. Hij zal nieuwsgierig zijn, maar de tijd zal leren of hij het leuk vindt.

Het is het beste om eerst kleine hoeveelheden aan het veganistische dieet toe te voegen en wat vlees weg te laten. Misschien merkt hij het niet eens. Maar er zijn ook zeer oplettende Goldies die deze verandering onmiddellijk opmerken en laten zien. Je zult er snel achter komen wat de reactie is.

Als het goed gaat, kunt u een stap verder gaan en nog meer vlees schrappen om het te vervangen door het veganistische dieet. Als uw Goldie zijn grenzen bereikt, blijf dan voorlopig bij de huidige hoeveelheid of neem een stapje terug tot hij weer tevreden is met de voeding.

Bedenk altijd dat de verandering niet tegen elke prijs mag worden doorgevoerd. De gezondheid van het dier is belangrijker en uw hond heeft hoe dan ook voldoende voedingsstoffen en mineralen nodig.

Kleine hint: Het feit dat uw Goldie op een bepaald moment niet verder wilde, wil niet zeggen dat er mettertijd geen positieve ontwikkelingen meer zullen zijn. Wacht gewoon even.

Tip 4: De eerste twee maanden

U zult niet meteen merken of uw hond de nieuwe voeding echt goed verdraagt. Net als de verandering zelf, kost het tijd.

Een tijdvenster van twee maanden is hier van toepassing. Let goed op de hoeveelheid ontlasting en hoe die van consistentie verandert. Dit is misschien niet altijd prettig, maar wel heel belangrijk voor de gezondheid van de Goldie. De vacht kan ook veel vertellen. Als het nog steeds mooi is, is alles in orde, maar als u veranderingen opmerkt, kan het aan de verandering liggen.

Als u wilt, kunt u hier een dagboek bijhouden met een dagelijkse aantekening. Op die manier merkt u bijzonder snel of zich veranderingen voordoen en kunt u dienovereenkomstig handelen.

Tip 5: Check-up

Observatie en aandacht zijn goed, maar niet noodzakelijk genoeg in je eentje. Het is daarom zeer raadzaam na een bepaalde periode een dierenarts te raadplegen om vast te stellen of er al dan niet veranderingen zijn opgetreden.

Dit is waar een check-up nodig is. Uw dierenarts zal zo nodig ook bloed afnemen en kan eventuele tekorten aan voedingsstoffen snel opsporen.

Het lijkt op het eerste gezicht misschien overbodig, vooral als het goed gaat met uw Golden Retriever. Maar vaak zijn er veranderingen die we niet zien.

Als alles in orde is, bent u aan de veilige kant en kunt u verder. Onderweg kunt u nog steeds deskundig advies inwinnen.

Voordelen van een hond

TWIJFEL IS MENSELIJK

Soms is een beslissing niet gemakkelijk te nemen, vooral als het om een hond gaat. Is het goed of slecht? Je kunt deze vraag alleen voor jezelf beantwoorden. Maar misschien heb je al een hond en kom je soms twijfelen. Zeker, er zouden af en toe momenten zijn die vragen oproepen die je verontrusten. Blijf niet hameren op uw beslissingen, maar zoek in plaats daarvan uit wat beter of anders kan.

Dit hoofdstuk zal je helpen om al het negatieve opzij te zetten en het goede te zien. Hier zult u te weten komen waarom een hond een groot verschil kan maken in uw leven en uw gezin en waarom een beslissing niet verkeerd kan zijn.

Leun achterover, blijf ontspannen en vind het gevoel terug dat je ooit had.

> **Opmerking:** Deze voordelen gelden niet noodzakelijkerwijs alleen voor een Goldie, maar zijn algemeen en kunnen dus ook worden toegepast op tweede honden.

VOORDELEN VOOR DE VIERVOETER

Misschien zult u verrast zijn: Wat u hier gaat lezen heeft veel te maken met uw emoties en gedachten. Want juist hier is het moeilijk om elke dag een duidelijk beeld te krijgen. Dat is niet aan jou. Het leven, de taken en het dagelijkse leven laten niet altijd zo'n diep denken toe.

Maar nu heb je een metgezel die je kunt opzoeken en die je een antwoord zal geven.

1. het gevoel geliefd te zijn

Wie wil dat niet: geliefd zijn! Als je een familie hebt die je dit gevoel elke dag geeft, dan mag je jezelf gelukkig prijzen. Terecht, het is prachtig en onbeschrijfelijk. Maar zelfs hier kunnen er problemen zijn. Deze kunnen van zeer verschillende aard zijn. Misschien zijn je geliefden het huis uit of was er een ruzie. Deze gedachten kunnen een hoop negativiteit brengen en plotseling voel je je niet zo goed.

Of misschien woont u alleen. Hier is de kans nog groter dat je af en toe in troebele emoties vervalt en jezelf vragen stelt die je niet bepaald opbeuren.

Zoals u ziet, zijn er in het dagelijks leven altijd momenten die ons aan het lachen maken en droevig stemmen. Het maakt niet uit of we alleen zijn of in een gelukkige relatie of met ons gezin.

Een hond kan je denken totaal veranderen. Hij geeft je een gevoel dat je misschien vergeten was - zeker niet voor altijd, maar gegarandeerd voor een lange tijd. Uw hond vraagt niet, maar houdt gewoon van u - onvoorwaardelijk, zonder ook maar iets van u te verlangen. Wel, een beetje eten en een beetje aaien zijn natuurlijk welkom en zorgen voor grote vreugde. Maar over het algemeen heeft een hond duidelijke principes: "Ik hou van je, hoe je je ook voelt!"

Wist u dat de blik in de ogen van uw hond veel dingen kan veranderen? Misschien heb je het al eens gevoeld en heb je er niet bij stilgestaan. Nu is het tijd. Wat je daar voelde was echt en niet ingebeeld. Het beste van alles is dat in studies zelfs is aangetoond dat het iets heel speciaals heeft om in de ogen van een hond te kijken. Nu ben je vast nieuwsgierig naar wat erachter zit? Dat kan en het antwoord volgt onmiddellijk!

Het is wetenschappelijk bewezen dat in de ogen van een hond kijken je oxytocineniveau beïnvloedt. Als je je niets bij deze term kunt voorstellen, is dat niet erg, want het is ook beter bekend als het "knuffelhormoon". Dat klinkt al goed, nietwaar? Alleen al in zijn ogen kijken, geeft je een gevoel van verbondenheid en veiligheid. Je voelt weer genegenheid en je voelt je meteen beter, wat je ook hebt meegemaakt.

En dat niet alleen: er is nog een andere reactie die uw hond bij u kan uitlokken. Als je veel tijd met je huisdier doorbrengt, geeft je lichaam meer van het zogenaamde gelukshormoon af. Er zijn ook studies die dit bewijzen en er geen twijfel over laten bestaan.

Knuffel- en gelukshormoon: Al in dit eerste punt wordt onmiskenbaar duidelijk dat een hond in je leven alleen maar goed kan zijn. Geen slechte gedachten meer. Alleen het positieve wacht hier op je.

2. nieuwe vrienden voor jou

Misschien ken je het uit films: een persoon loopt door het park en ontmoet al een nieuw persoon. Zomaar, als bij toverslag. Maar één ding is duidelijk: magie speelt hier geen rol. Het is alleen de hond die bepaalde dingen triggert zonder het zelf te weten.

Klinkt dat vreemd? Inderdaad, maar het is waar. Wil je het niet zelf proberen?

Of het nu in het park is of thuis, het is bewezen dat de kans om iemand te ontmoeten met 60 % toeneemt als er een hond aan je zijde is. Een studie van Harvard, uitgevoerd in verschillende steden, heeft dit uitgewezen.

Het lijkt allemaal makkelijker dan het is. Maar vooral als u een persoon bent die niet gemakkelijk socialiseert, kan dit een groot voordeel voor u zijn. Je zou het zo kunnen proberen: Neem uw hond mee en maak een kleine wandeling rond de plaats die misschien nog maar pas uw thuis is geworden.

Kijk om je heen, maar niet te opvallend, en maak het je gemakkelijk op een bankje. Uw hond zal naast u plaatsnemen en de magie kan beginnen. Het zal niet lang duren en iemand zal stoppen, maakt niet uit of het een man of een vrouw is. In het begin zal het gesprek zich op de hond fixeren, want het is waarschijnlijk dat een hondenliefhebber ook bij u zal stoppen. Er wordt snel een rode draad gevonden en na enkele ogenblikken gaat het helemaal niet meer over dierenliefde. Alles ontwikkelt zich vanzelf. U zult verrast zijn, maar dit is een fragment uit een Hollywood film. Ontelbare liefdes zijn op deze manier ontstaan en hebben een leven lang geduurd. Zelfs als een romantische relatie zich niet op deze manier ontwikkelt, kan het een vriendschap zijn die je hele leven verandert.

Dit is zonder meer een prachtig voordeel om een hond te kiezen en altijd aan de goede dingen te denken.

Vriendschappen, relaties en kennissen: het is aan u. Je hond helpt je maar een beetje om dit nieuwe en spannende pad te bewandelen. Maar de rest doe je helemaal zelf, zonder dat je het misschien beseft.

Op een leven vol nieuwe ervaringen en contacten!

3. aantrekkelijkheid

Ook op dit punt zijn enkele studies nodig om meer duidelijkheid te verschaffen. Laten we eens naar de Britten kijken. Uit een studie van Direct Line blijkt dat 46% van de mensen vindt dat mensen met dieren er beter uitzien en dus aantrekkelijker zijn. Denk eraan, we hebben het hier uitsluitend over Britten. Een derde van de respondenten vindt ook dat mensen met honden vriendelijker zijn en veel meer empathie tonen dan anderen. Dit spreekt uit ervaring en persoonlijk leven. Maar laten we ook eens kijken naar de vrouwen die deelnamen aan deze studie. Ze verklaarden duidelijk dat ze zich meer aangetrokken voelen tot mannen die honden hebben of hadden. Dat is een goed vooruitzicht, is het niet?

Dus je ziet, een hond kan je niet alleen helpen vrienden te maken. Het maakt je ook nog aantrekkelijker en andere mensen zullen je sneller in de gaten houden dan je voor mogelijk houdt.

Het heeft geen geforceerde blik of veel overredingskracht nodig. Het enige wat nodig is, is een trouwe vriend aan je zijde en de rest valt op zijn plaats.

Zoek uit hoeveel waarheid er in deze studie zit en laat u verrassen door de resultaten.

Een hond maakt je gelukkig, en op vele speciale manieren.

4. online dating makkelijk gemaakt

Dat klinkt allemaal veelbelovend. Het enige wat u hoeft te doen is een hond aan uw zijde te hebben en het proces van elkaar leren kennen zal vanzelf gaan.

Maar het is niet altijd zo gemakkelijk voor ons. Je hebt niet altijd tijd voor een wandeling of je vindt het moeilijk om je bij mensen te vertonen. Ieder mens is anders. Maar dat betekent niet dat je de voordelen moet missen. Op dit punt, heb je ooit gedacht aan online dating?

Nu ben je misschien een beetje in de war! Wat heeft het een met het ander te maken? Dat is heel eenvoudig: ook hier kan uw hond een zeer grote hulp voor u zijn en de mogelijkheden tot contact bevorderen.

Geloof je dat niet? Ja, het is mogelijk. Elk goed online profiel heeft natuurlijk een foto van jou nodig. Wat denk je ervan om je daar niet alleen, maar samen met je viervoeter te vertonen? Dat verhoogt meteen de kans op het vinden van antwoorden en mogelijkheden om de perfecte partner te vinden.

Het laat zien dat je van dieren houdt, en dat maakt altijd positieve emoties los bij de zoeker. Natuurlijk kan niemand zeggen of een relatie echt tot stand zal komen. Alleen de tijd en de eerste contacten zullen het uitwijzen.

Probeer de foto's er zo schattig mogelijk uit te laten zien. Dat kun je zeker doen. Als je het niet alleen kunt, vraag dan een vriend, dan kun je nog betere foto's maken die jou en je trouwe viervoeter van een heel bijzondere kant laten zien.

Of het nu via laptop of mobiele telefoon is, daten is overal mogelijk en goede foto's effenen een heel nieuwe weg voor je.

Niet verlegen zijn, probeer het. Misschien vindt u het online gemakkelijker dan om meteen rechtstreeks contact op te nemen. Je bent niet alleen. Uw hond is aan uw zijde en zal u steunen.

5. meer vorm

Eén ding is zeker: een hond houdt je in vorm. Als je het soort persoon bent dat graag op de bank zit of niet graag beweegt in het algemeen, dan is dat van de ene dag op de andere voorbij.

Het maakt niet uit of uw viervoeter binnen of buiten leeft. Als u hem binnenshuis aan uw zijde hebt, is het des te belangrijker dat u hem elke dag mee naar buiten neemt. Het is genoeg als je hier een half uur de tijd voor neemt. Als het slecht weer is, zult u zeker geschikte kleding hebben.

Natuurlijk is er niets aan de hand als je een dag niet gaat. Professionele verplichtingen of andere afspraken maken dat altijd mogelijk. Toch is het belangrijk om het niet "uit te stellen" en je eraan te houden.

Als uw hond buiten is en dus helemaal geen binnenhuisdier, kan dit een voordeel zijn. Maar dat betekent niet dat hij niet wil gaan wandelen. Een hond die veel vrije uitloop heeft, zal toch elke dag een wandelingetje door het bos of het park willen maken. Zeker, het is hier nog onbelangrijker als u een paar dagen niet kunt gaan, maar ook hier moet u zich houden aan regelmatige lichaamsbeweging met uw trouwe viervoeter.

Als je dit allemaal leest, is je waarschijnlijk al iets opgevallen: je bent veel in beweging, en dat is goed voor jou en je lichaam. Als u misschien last heeft van gewichtsproblemen, kunnen die binnenkort tot het verleden behoren. Het zal niet van de ene dag op de andere gebeuren, maar na verloop van tijd zullen de resultaten zichtbaar worden.

Maar het gaat nog verder. Je brengt veel tijd door in de frisse lucht. Dit is goed voor je longen en ademhaling.

Je zult fitter zijn en niet zo snel buiten adem. Snelle wandelingen zullen weldra geen probleem meer zijn en u zult zich in het algemeen beter voelen.

Maar je voelt het fitte gevoel niet alleen in je lichaam, maar ook in je hoofd. Overpeinzingen worden minder en slechte gedachten verdwijnen snel naar de achtergrond. Laat alles vallen en concentreer je alleen op je omgeving.

Opstaan van de bank en naar buiten. Nu is er een goede reden en uw geliefde viervoeter zal u er op zijn eigen manier aan herinneren. Ook al is het in het begin niet vertrouwd, u zult er snel aan wennen en het in uw dagelijkse routine opnemen. Begin klein en werk je weg naar grotere runs.

Je lichaam zal je dankbaar zijn.

6. minder stress

Zoals in het vorige punt, zul je je beter voelen. Maar niet alleen uw lichaam, maar ook uw geest zal er de vruchten van plukken.

Wanneer was de laatste keer dat je bewust bent gaan wandelen? Als het een tijdje geleden is, zul je blij zijn met de verandering. Je gedachten spelen niet langer zo'n grote rol en je kunt ze met gemak loslaten. Probeer het. Concentreer je op je hond, op de vogels en de zon. Er is veel te zien in het bos of in het park en de spanning in uw lichaam zal beetje bij beetje afnemen.

Het maakt niet uit hoe slecht je dag was en welke collega je vandaag helemaal niet gelukkig heeft gemaakt: In de frisse lucht met je hond, maakt dat allemaal niet zoveel meer uit.

Je kunt je gevoelens herschikken en op magische wijze oplossingen vinden die anders voor je verborgen zouden zijn gebleven. Als dit allemaal ongelooflijk klinkt, is dat reden genoeg om het eens te proberen.

Maar het gaat nog verder: een hond helpt je niet alleen tegen stress, maar is aantoonbaar het beste medicijn tegen depressie. Natuurlijk duurt het hier ook langer voordat er een effect optreedt. Maar waar medicatie faalt, kan zij al helpen of zelfs ondersteunen en zo een verhoogde inname van dergelijke medicatie voorkomen of tot een minimum beperken.

Uw psyche is een belangrijke troef en uw hond kan u helpen die te beschermen en weer te zien met de positieve blik die hij verdient.

7. meer bescherming

Je hebt het al gemerkt in de verhalen die je in dit boek hebt gelezen: een hond beschermt je.

Waarom dit gebeurt is niet precies duidelijk, en misschien is er voor sommige dingen helemaal geen reden nodig. Het is fijn dat het zo is en dat je in elke situatie van het leven op je viervoeter kunt vertrouwen.

Er is geen wegkijken of verdergaan hier, zoals we vaak kunnen ervaren met mensen. Dit maakt ons verdrietig en wij vragen ons af waarom het zo moeilijk is om te helpen. Als je zelf al eens iemand anders hebt geholpen, weet je hoe fijn dat voelt. Het is puur geluk en een retourtje is niet meer nodig.

Het is vergelijkbaar met honden. Ze doen het gewoon omdat ze houden van de mens aan hun zijde - onvoorwaardelijk en zonder te vragen om een reden.

Maar het wordt nog beter en het zou je niet verbazen als je nu je hoofd schudt. Maar wat je nu gaat lezen is bewezen en honden hebben het al vele malen gedaan. Niet alle viervoeters krijgen het cadeau, maar het bestaat wel: Sommige honden zijn in staat bepaalde allergenen op te snuiven en dus prostaatkanker te ruiken. Je hebt gelijk, dat klinkt echt "gek", maar het is waar. Het is bewezen dat honden hiertoe in staat zijn en op een bijzondere manier levens hebben gered.

Laten we eens kijken naar geleidehonden, om een voorbeeld te geven. Hier zijn niet veel vragen voor nodig. Deze getrainde dieren helpen elke dag, overal en van 's morgens vroeg tot 's avonds laat.

Al deze redenen zijn snel overtuigend. Een hond is een verrijking en brengt een beetje meer geborgenheid in het dagelijks leven. Zeker: de viervoeter kan u niet noodzakelijk tegen alle gevaren beschermen, gewoon ook omdat hij niet altijd bij u kan zijn. Maar als hij dat wel is, zal hij zijn best doen en ervoor zorgen dat je op al je manieren goed terecht komt.

8. oud worden

Dit punt heeft geen betrekking op uw hond, maar eerder op uzelf. Nu deins je misschien terug en wil je niet verder lezen. Maar het is de moeite waard dit punt niet over te slaan.

Eén ding is zeker en je hebt geen kristallen bol nodig om je dit te vertellen: we worden allemaal een beetje ouder met de dag. Of je er zo over denkt of het wilt toegeven is iets anders, maar het is een feit waaraan niemand kan ontsnappen.

Dat is precies wat deze kennis voor veel mensen zo "ondraaglijk" maakt. Ze weten dat het bij het leven hoort, maar wie wil er oud worden? Het zou veel fijner zijn om altijd op een plek in het leven te blijven waar we ons echt prettig en gezond voelen. Helaas is dat niet mogelijk en als u de tijd neemt om er een beetje over na te denken, zult u beseffen dat het op een gegeven moment wel eens saai zou kunnen worden.

Op dit punt gaat het echter niet om het praten over veroudering op zich. Het gaat erom uit te vinden welke rol uw hond daarin kan spelen. U hebt zelf al wat bewijzen daarvoor gelezen.

Een hond helpt je fit te blijven. Je weet nu hoe je dit moet doen of je hebt het zelfs geprobeerd. Daarbij komt het minimaliseren van stress weer om de hoek kijken en nog iets: uw hond verlaagt uw bloeddruk.

Dat lijkt weer een beetje vergezocht, vind je niet? Maar dat is het niet, want ook hier is er niets meer dan beweging. Elke stap zorgt ervoor dat uw bloedvaten verwijden en omgekeerd uw bloeddruk daalt. Veel mensen hebben hier een misverstand over. Ze denken dat als ze lichamelijk actief zijn, hun bloeddruk stijgt. Dit is eigenlijk niet zo verkeerd. Mensen die een gevoelige bloedsomloop hebben en moeilijk op gang komen, wordt aangeraden te gaan wandelen om hun bloeddruk op gang te brengen.

Maar als je last hebt van hoge bloeddruk, pak dan je hond en ga wandelen door het bos. Je bloedsomloop zal je dankbaar zijn en ontspannen. Maar niet alleen het bloed in je lijf is gelukkig, ook je harige vriend aan de lijn.

Daar komt nog bij dat je nooit alleen bent met een hond. Hij is er altijd en zal aan je zijde staan. Tenzij je hem om bepaalde redenen niet mee kunt nemen en hij elders onderdak nodig heeft. Maar anders zal hij altijd bij je zijn en hoef je nooit het gevoel te hebben dat je alleen en eenzaam de dag doorkomt. Verlang je naar knuffelbare uren? Je trouwe viervoeter kan je dat ook geven, als je het hem vraagt.

Sociale contacten zullen ook sneller tot stand komen en u zult mensen leren kennen die u uit uzelf misschien nooit zou hebben benaderd. Dit is gemakkelijker met uw hond, zelfs als het eerste gesprek alleen over de viervoeter gaat. Dat doet er niet toe. Het enige dat telt is dat er woorden ontstaan, de rest ontwikkelt zich vanzelf.

U ziet dus al op hoeveel gebieden een hond uw leven kan ondersteunen en het nog mooier kan maken. Ouder worden is opeens geen probleem meer en je ziet het leven met andere ogen. Alle dingen die vroeger onbereikbaar en vreemd leken, zijn dat nu niet meer. Klinkt dat overdreven? Nee, dat is het niet. Beleef de ervaring, kijk wat er verandert en dank voor de heerlijke uren die alles veranderen.

Wie weet: misschien bereik je op een gegeven moment het punt waarop je tegen jezelf zegt dat oud worden eigenlijk iets heel geweldigs kan zijn. Er is nog zoveel meer! Je bent niet alleen, je bent fit en vol verve. Word je oud? Absoluut geen probleem meer voor jou.

9. de beste vriend van het kind

Positieve effecten op onze ladingen zijn, zoals zoveel dingen, wetenschappelijk bewezen. Kinderen die het om uiteenlopende redenen niet goed doen, kunnen weer moed vatten met een viervoeter aan hun zijde. Natuurlijk moet hier een onderscheid worden gemaakt. Er zijn hondenrassen die niet per se samen met kinderen moeten worden gebracht. Maar aangezien we het over een Golden Retriever hebben, hoef je je hier helemaal geen zorgen over te maken: Hij is een familiehond door en door.

Het is bewezen dat kinderen minder allergieën ontwikkelen als ze opgroeien met honden. Natuurlijk moeten er hier bepaalde grenzen zijn, vooral als u zeer jonge kinderen hebt.

Laat uw kind alstublieft nooit alleen met de hond. Het maakt niet uit of het een Goldie is of niet. Zelfs de liefste en rustigste gezinshond kan iets verkeerd begrijpen en terugvechten. Hij bedoelt het niet kwaad, maar het gebeurt. Blijf altijd in de buurt.

Het moet ook niet absoluut noodzakelijk zijn dat de hond en het kind aan hetzelfde ijsje likken of bijvoorbeeld een deken delen. Dit kan op het eerste gezicht aardig lijken en u niet ongerust maken, maar zoals reeds gezegd, moeten er bepaalde grenzen zijn. Uw viervoeter kan snel een teek oplopen, die dan in het ergste geval ook uw kind kan treffen en ziekte kan veroorzaken.

Probeer dus een gezonde en kleine afstand te bewaren, maar scheid de twee niet. U zult zeker snel een goed evenwicht vinden dat niet alleen u, maar ook uw lasten tevreden stelt.

Emoties spelen een grote rol bij kinderen. Vooral als zij ouder worden, kunnen zij geconfronteerd worden met gedachten en gevoelens die zij niet begrijpen. Een hond kan helpen. Kinderen die snel opvliegend zijn, voelen zich door hem gekalmeerd. Maar het omgekeerde kan ook het geval zijn. Als uw kind erg verlegen is en moeite heeft om contact te maken met andere kinderen, kan een lieve viervoeter zijn zelfvertrouwen opkrikken en gaan bepaalde dingen ineens vanzelf.

Elk kind wordt op een bepaald moment een tiener en ook hier zijn er bepaalde aantoonbare voordelen van het hebben van een hond in het gezin. Adolescenten zijn over het algemeen veel gelukkiger met hun omgeving als er een hond in het gezin is. Relaties zijn leuker en gaan minder vaak stuk.

Met een dier in huis of op de boerderij kunt u dus zelfs iets moois creëren voor de toekomst van uw kind. Afzondering, ongecontroleerde woede en ziektes (niet allemaal, natuurlijk) worden zeldzamer en het is gewoon leuk. Zonder twijfel hebben alle partijen hier iets te winnen.

10. de betekenis herkennen

Het is niet ongewoon dat iemand op een bepaald moment de zin van het leven verliest. Waar is het gebleven? Met een hond hoef je jezelf die vraag niet meer te stellen. Hij laat je zien wat belangrijk is en helpt ook om veel denkwijzen en eigenschappen te versterken.

Een groot deel hiervan is de verantwoordelijkheid. Als je een hond hebt, moet je er voor zorgen. Er bestaat niet zoiets als "vandaag wil ik niet". Een hond heeft bepaalde aandacht nodig. Dit hoeft niet elke dag hetzelfde te zijn als dat niet mogelijk is. Maar het gaat om elementaire zaken en om het op de een of andere manier beheren ervan wanneer dat zelf niet mogelijk is. Dit betekent dat als u een dag weg bent en uw hond niet kunt uitlaten of voeren, hij de steun van iemand anders nodig heeft om dat te doen. Je moet bedenken aan wie je het vraagt en uitzoeken of het mogelijk is. Je mag dit niet uit het oog verliezen. Je hond heeft duidelijk je hulp nodig in dit geval. Zelfs als hij wilde, kon hij niet naar de buurman gaan en om eten vragen.

Verantwoordelijkheid is dus heel belangrijk!

Vriendschap wordt ook versterkt door een viervoeter. Er zijn mensen die dit niet meemaken in hun leven en niets liever wensen. Dit klinkt misschien vreemd in deze tijd, maar deze mensen bestaan echt. Met een hond is dit gevoel niet langer vreemd en het baant de weg naar een nieuwe toekomst. Misschien is juist deze aanvulling op het gezin nodig om andere mensen te bereiken en vrienden voor het leven te maken.

Bovendien kan een hond je helpen liefde te voelen en te ervaren hoe mooi die kan zijn, volledig onvoorwaardelijk. Er zijn hier geen vragen en uw hond stelt geen voorwaarden. Hij houdt van je zoals je bent, met al je ruwe kantjes (die we allemaal hebben, natuurlijk).

Tegelijkertijd is uw trouwe viervoeter balsem voor de ziel. Er is geen andere manier om het te zeggen. Als je verdrietig bent, zal hij je laten lachen. Als je bang bent, zal hij het op zijn eigen manier wegnemen. Vergeet zorgen en twijfels. U zult zich beter voelen als uw hond bij u is. U zult het evenwicht vinden waarnaar u al zo lang tevergeefs zoekt. Ze is niet weg, ze was maar even weg en je hond weet precies waar ze is.

Maar één ding mogen we ook niet vergeten: Een hond helpt mensen om bepaalde gewoontes te internaliseren. Die heb je zeker ook, maar je zou er graag nog een paar bij krijgen? Dan zal je viervoeter je helpen. Maar dat niet alleen: hij kan er ook in slagen slechte gewoonten te doorbreken. Hoe doe je dat? Het is vrij simpel, en je hebt er al een paar keer over gelezen. Een goede gewoonte kan bijvoorbeeld zijn om elke dag een wandeling te maken. Een slechte gewoonte daarentegen is op de bank te gaan liggen wanneer dat niet nodig is. Hier kan uw hond een belangrijke steun zijn en u helpen het een te verliezen en het ander te winnen.

Laat ons u overtuigen.

ZOVEEL GOEDE REDENEN

Ik weet zeker dat je het gemerkt hebt: Er zijn zoveel redenen waarom een Golden Retriever uw leven kan verrijken en u positief kan bijstaan.

Hij maakt je aan het lachen, helpt je het goede weer te zien en steunt zelfs de hele familie. Je hoeft hier niet te "buigen" en veel werk te verzetten: alles wat belangrijk is, komt met je nieuwe hond.

Hij wil er niet veel voor terug, alleen wat liefde en zorg en het gevoel dat je aan zijn zijde staat. Maar dat alles zal zeker niet moeilijk voor u zijn. U zult uw viervoeter in uw hart sluiten zodra hij in huis of op de boerderij is.

Zeker. Het is een grote beslissing, maar je zult er geen spijt van krijgen. Integendeel: je zult je afvragen hoe je zo lang zonder hond hebt kunnen leven.

Hij maakt je gelukkig, verandert alles en verwacht er niet veel voor terug. Neem je besluit en verander je leven ermee.

Afsluitende woorden

Golden Retriever: een hond vol liefde, energie en plezier. Er is geen twijfel mogelijk. Dit boek heeft een weg voor je gebaand die je misschien niet eerder hebt gezien. Zij zal u bijstaan en u advies en steun geven.

Onzekerheden zijn normaal, vooral als je nog nooit een hond hebt gehad. Maar nu zullen die twijfels kleiner zijn en zult u zich zekerder voelen. Maar vergeet ook niet dat het altijd belangrijk is om jezelf niet onder druk te zetten.

Uw hond hoeft niet alles van de ene dag op de andere te leren en u hoeft ook niet alles wat u belangrijk vindt meteen te weten.

Ga naar de pagina die je leuk vindt en die je vandaag nodig denkt te hebben. Morgen is een nieuwe dag en als je dan nog steeds op hetzelfde niveau zit in het onderwijs, is dat allesbehalve slecht. Niets duwt je.

Je hebt een ruwe richtlijn en weet dat je hond later goed opgevoed moet zijn. Dat moet genoeg voor je zijn.

U hebt nu ook een overzicht gekregen van verzorging en voeding, zelfs het onderwerp ziekten is van alle kanten belicht. Maar nogmaals moet worden gezegd dat u zich niet elke dag zorgen moet maken over symptomen en andere aandoeningen.

Het is altijd belangrijk om een goed evenwicht te hebben in de relatie tussen hond en baas. Als dat gegeven is, is er niet veel meer nodig. Jullie zullen elkaar blindelings begrijpen en op den duur zullen jullie zijn wat velen willen zijn en ook kunnen zijn: Een goed team!

Bronnen

10 voordelen van het hebben van een hond - voor je gezondheid en ziel. In: tractive.com

Leren apporteren: 7 stappen naar succes. In: tophundeschule.de

Het dieet van de Golden Retriever. In: zooplus.de

De voor- en nadelen van BARF voor honden. In: emmi-pet.de

Het zindelijk maken van een volwassen hond of puppy. In: zooplus.de

Golden Retriever Training - Tips van een hondenprofessional. In: hondentraining-info.com

Golden Retriever vachtverzorging, vachtverzorging. In: goldenr.de

Golden Retriever profiel. In: mein-haustier.de

Golden Retriever oorsprong en geschiedenis. In: goldenr.de

Geef je je hond een veganistisch dieet? Alle voor- en nadelen in één oogopslag! In: stallbedarf24.de

Krat training voor uw hond. In: petwiki.com

Leishmaniasis. In: petsontour.com

Koorts. In: petsontour.de

Typische ziekten bij de Golden Retriever. In: einfachtierisch.de

Wat is bench training? In: spiegato.com

Over deze serie: Mijn hond voor het leven

Dit is het nieuwste deel in een serie van compacte, real-life hondentrainingsgidsen. De individuele rassen worden voorgesteld door auteurs die vele jaren ervaring en liefde voor honden hebben. Wij wensen u vele gelukkige en ontspannen jaren met uw trouwe viervoeter!

Wij zouden blij zijn met een positieve evaluatie!

Afdruk

De Golden Retriever.
Een liefhebbende familiehond.
De beelden zijn gelicenseerd van https://de.depositphotos.com/.

M. Mittelstädt, Sherif Khimshiashvili Street N 47 A, Batumi 6010, Georgia

All Rights Reserved.

© copyright 2022 paul van dijk

Lightning Source UK Ltd.
Milton Keynes UK
UKHW021424131222
413865UK00012B/362